추천의 글

나는 대중교통을 자주 이용한다. 조금이라도 더 걸을 수 있기 때문이다. 현대인은 잘 걷지 않게 되면서 진짜 경험을 하지 못하는 삶을 살게 되었다. 경험은 과정에 집중되어 있다. 걷기를 통해서 우리는 결과가 전부인 삶에서 벗어나 내가 사는 하루의 과정을 농밀하게 경험할 수 있다. 그래서 걷지 않은 하루는 인생에 쌓이지 않는다. 인생을 아름답게 바꾸고 싶다면 음식은 줄이는 게 좋지만, 걷는 시간은 늘리는 게 좋다. 이 책을 통해 그 이유와 가치를 느껴보라.

_**김종원**(인문학자, 『너에게 들려주는 단단한 말』 저자)

흔히 손을 많이 쓰는 게 두뇌에 좋다고 한다. 그렇다면 발은 어떤가? 인간의 발은 코르셋 같은 신발에 갇혀 버렸다. 안전 대신 그 고유한 기능과 감각을 잃어버린 것이다. 저자는 발의 해방을 말한다. 최고의 걷기란 땅과의 접촉을 통해 몸 본연의 감각을 일깨우는 것이라고 한다. 이를 위해 베어풋 슈즈의 필요성을 이야기한다. 고개가 끄덕여진다. 감각이 깨어나면 달라진다. 무엇보다 걷는 게 즐겁다. 마음도 깨어나고 삶은 생기가 넘친다. 읽다 보면, 어느새 걷고 싶어지는 책이다.

_**문요한**(정신건강의학과 의사, 치유걷기 진행자)

일러두기

본문에 등장하는 작품명은 한국어판 제목을 표기, 번역되지 않은 경우 원제를 표기하였습니다.
브랜드명 표기는 원서를 따랐습니다.

ARUKU MAJIDE JINSEI GA KAWARU SHUKAN by Mitsufumi Ikeda
Copyright © Mitsufumi Ikeda 2025
All rights reserved.
First published in Japan by Uzabase, Inc., Tokyo.

This Korean edition is published by arrangement with Uzabase, Inc., Tokyo
in care of Tuttle-Mori Agency, Inc., Tokyo, through Imprima Korea Agency, Korea.

이 책의 한국어판 출판권은
Tuttle-Mori Agency, Inc., Tokyo 와 Imprima Korea Agency를 통해
Uzabase, Inc.과의 독점계약으로 (주)도서출판 길벗에 있습니다.
저작권법에 의해 한국 내에서 보호를 받는 저작물이므로 무단전재와 무단복제를 금합니다.

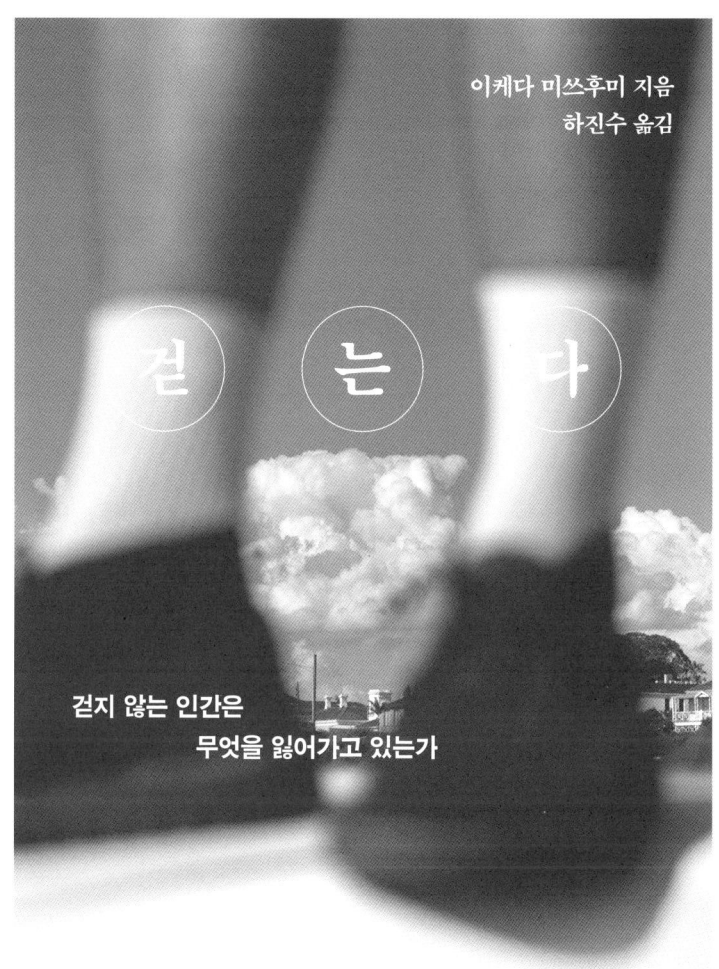

이케다 미쓰후미 지음
하진수 옮김

걷는다

걷지 않는 인간은
무엇을 잃어가고 있는가

더 퀘스트

차례

프롤로그 왜 인간은 걷는가? _13

Step 1 뇌
: 걸으면 아이디어가 쏟아진다 _23

잡스도 저커버그도 마구 걷는다 _25
위인들은 눈치채고 있었다 _32
걸으면 뇌는 어려진다?! _39
스탠포드의 '걷기 실험' _44
걷기와 창의력의 관계 _49
워킹 미팅이라는 방법 _53
베토벤, 뇌를 쉬게 하다 _58
〔칼럼〕 창의력을 높이는 습관 _65

Step 2 몸
: 호모 세덴타리우스 - 앉는 인류 _67

걷기의 5가지 효과 _69
① 걸으면 혈당과 혈압이 떨어진다 _71
② 걸으면 오래 산다 _73
③ 걸으면 암과 심장병에 걸릴 위험이 낮아진다 _76

④ 걸으면 불면증이 개선되고 스트레스도 줄어든다 _79
⑤ 걸으면 뇌졸중 위험이 낮아진다 _82
애플워치에서 강조된 것 _85
'자는 시간'보다 긴 '앉는 시간' _90
호모 세덴타리우스 _94
[칼럼] **건강을 유지하는 습관** _97

Step 3 거리
: 도시화라는 인체실험 _99

세계 각국의 걸음 수 랭킹 _101
'활동 격차'라는 신개념 _107
지구상에 가장 걷기 좋은 도시 _110
워킹 대국의 지금 _114
걷지 않는 나라, 미국 _121
걸어 다닐 수 있는 거리의 가치가 오르다 _127
자동차 VS 보행자 _132
메트로 사피엔스 _141

Step 4 발
: 두 발로 걷는다는 기적 _145

보행 메커니즘 _147
걸어서 살이 빠지면 곤란하다 _152
수렵채집 시대의 하루 _155
발은 정밀기기 _160
'현대판 전족'을 한 사람들 _168
발을 해방하라 _177
우리의 발은 망가져 있다 _182
[칼럼] 신발이 바뀌면 걷고 싶어진다 _188

Step 5 신발
: 신는 물건이라는 테크놀로지 _193

또 하나의 '달리는 실험실' _195
하버드 교수의 횃불 _203
제로 드롭 탄생 비화 _208
슈즈 브랜드 창업의 장렬함 _214
신체를 '자연스러운 위치'에 두다 _220
알트라의 가설 _225
베어풋 슈즈 열풍은 왜 끝났을까? _229
쿠션의 의미 _234

장거리 하이커들의 신발 랭킹 _240
풋웨어 업계의 '다음 물결' _245
BORN TO WALK _249

Step 6 자연
: 문명과 함께 잃어버린 것 _253

불과 얼음의 섬 _255
나 자신을 짊어지는 법 _259
'진짜 현실'을 보다 _273
철수 _279
몸으로 배운다는 것 _285
행복론 _293

에필로그 _303
감사의 말 _309

프롤로그

왜 인간은 걷는가?

계기는 한 신발이었다. 바로 '발가락이 자유로운 신발'.

2년 정도 신었더니 그동안 패션에만 신경 써서 산 운동화와 구두는 불편해서 신을 수 없게 됐다.

걷는 게 이렇게 즐거웠던가?

신체도 머리도 늘 가볍다. 신발을 연구해보고 싶다. 걷는 수단을 사유해보고 싶다.

이런 가뿐한 감각이 그저 나만의 착각인지, 아니면 과학적 매커니즘이 있는 결과인지 호기심을 참을 수 없었다.

애초에 인간은 무얼 위해 섰었던 걸까……. 인류는 지구상에서도 특이한 능력을 지닌 동물이다. 효율적인 두 발 걷기로 경이로운 장거리 이동을 할 수 있다. 이전까지 무심코 걸어왔는데, 그 행위 자체에 깊은 세계가 있음을 깨닫기 시작한다.

걷기를 둘러싼 호기심과 의문은 나만 안고 있던 것이 아니었다. 서양에서는 훨씬 전부터 하나의 흐름이 되었다는 사실도 알게 되었다. '이건 기획 주제가 되겠어……'

그런 이유로 NewsPicks(일본의 온라인 경제 뉴스 사이트—역주)에 '걷기' 특집을 구성한 것이 2024년 7월의 일이다. 언뜻 보면 경제 미디어와는 전혀 상관없는 주제임에도 반응은 상상 이상으로 뜨거웠다. 십수만 명에게 기사가 읽혔고, 신발을 바꿨다거나 걷기를 다시 보게 됐다는 후기도 쇄도했다. 역시 그 감각은 나만 느낀 게 아닐 수 있다는 확신이 섰다.

왜 이토록 반향이 컸을까. 아마도 그때의 특집에는 다 담지 못한 내용과 깊은 관련이 있다고 본다.

'문명과 기술의 발전이 과연 우리를 행복하게 했을까?'
어째서 걷기에 빠져드는지 줄곧 생각하는 과정에서 이 의문을 맞닥뜨렸다. 공교롭게도 2014년 역사학자 유발 하라리가 그의 저서이자 세계적 베스트셀러 『사피엔스』[1]에서 던진 질문이기도 하다. 십여 년이 지난 지금, 사람들의 마음속에 잠재했던 그 물음이 슬그머니 고개를 들고 있는 게 아닐까.

하라리의 대답은 'NO'였고, 문명의 이변을 알아챈 지식인은 하라리뿐만이 아니다. 취재를 하다가 실리콘밸리의 대표적 인물 피터 틸도 같은 문제의식을 품고 있음을 알게 됐다. 그 역시 과학기술의 발전이 인류를 행복하게 했는지 단언 못하고 있었다. '아직 모르겠다'라고 말이다.

경제 기자로서 다년간 비즈니스의 최전선을 취재하며 머릿속에 '문명의 향방'이란 주제가 줄곧 맴돌았다. 가장 기억에 남는 것은 훗날 ChatGPT를 세상에 내놓은 천재들의 진실을 좇았을 때 들은 이야기다.

배경은 캐나다 토론토 대학의 한 연구실. 오픈AI의 공동창업자 일리야 수츠케버가 몸담았던 곳이다. NewsPicks 취재팀은 AI의 출발점이 된 딥러닝 모델의 실질적 발명자, 알렉스 크리제브스키라는 인물을 조명하고 세계 최초로 그와 언론 인터뷰

---

[1] 2011년에 이스라엘에서 히브리어로 출판되었고, 2014년에 영문으로 번역되었다.

를 진행했다. 컴퓨터 과학자인 제프리 힌턴 교수와 제자 일리야 수츠케버, 알렉스 크리제브스키는 딥러닝 시대를 연 첫 번째 인공신경망 '알렉스넷AlexNet'을 개발했다. 그가 인터뷰에서 밝히길, 알렉스넷 개발 연구팀은 구글에 스카우트되어 당시 열 명에 불과했던 사내 딥러닝 연구 프로젝트팀 '구글 브레인'의 초창기 멤버로 합류했고, 이미지와 자율주행 영역에서 AI의 폭발적 진화를 견인하고 있다고 했다.

훗날 구글을 조용히 떠난 이유에 대해서, 딥러닝 모델의 진정한 부모 알렉스 크리제브스키는 이렇게 말했다.[2]
"그냥 재미없어졌습니다. 행복하지 않았어요. 뭐, '지금의 AI 시대를 만든 게 나다'라고 말할 수도 있지만, 그래서 사회를 나아지게 했느냐 묻는다면 확답이 어렵군요.
질병의 발견, 자율주행 등 다양한 분야에서 AI가 등장해 개선을 이루고 있습니다. 그러나 한편으로는 전쟁에 동원되기도 합니다. 이 경우 세상은 나쁜 방향으로 흐를지도 모릅니다. 새로운 기술은 항상 그것을 어떻게 사용하느냐에 달렸으니까요."

---

2 [세계 최초 독점] 'AI의 시대'를 만든 남자, 처음으로 입을 열다 『AI캐나다』 #01. NewsPicks. 2019년 10월 21일. 그 후, 이 연구팀의 지도 교수였던 제프리 힌턴은 2024년에 노벨 물리학상을 받았다.

유발 하라리가 과학기술의 발전과 행복의 상관관계에 의문을 던진 후로 10년. 세계는 어떤 선을 넘었다. 2024년, AI가 마침내 인류의 IQ를 넘어선 것이다.

> 인간은 수많은 놀라운 일을 할 수 있지만, 목적이 불확실하고 여전히 불만스러워 보인다. 카누에서 갤리선, 증기선, 우주왕복선으로 진보해왔으나 어디로 향하고 있는지는 아무도 모른다. 우리는 과거 어느 때보다도 강력하지만, 그 힘을 무엇에 써야 할지는 대부분 짐작도 하지 못한다. (중략) 자신이 뭘 원하는지도 모르고, 불만스러워하며, 무책임한 신神(인간)만큼 위험한 것이 있을까?
>
> – 유발 하라리, 『사피엔스』

인간이 손에 넣은 힘은 이미 인간의 손아귀에서 흘러 나가고 있다. 인간만이 할 수 있다고 여겼던 일들이 하나하나 붕괴하는 것을 목격하면서 하라리의 질문이 다시금 던져진다. 우리는 왜 일하고, 왜 경제 활동을 이어가는가.

경제 발전은 사람들을 풍요롭게 해주는 과정이었을 텐데, 테크놀로지의 진화에 두근거리면서도 한편으로는 활력이 채워지지 않는 날들이 계속되고 있다. 기술 발달의 혜택 속에 머리와 손만 쓰던 뇌는 일이 섬섬 늘어났다. 모두가 어느샌가 온몸을 쓰지 않는 일상에 빠져들었다. 그래서 무언가에 홀린 듯, 빼앗기고 있는 본래의 신체 감각을 되찾고자 산에 들어가고 자연 속을 거닐고 강을 따라 걷게 된 게 아닐까.

AI든 모빌리티(이동 수단)든 나의 위기감 따위와는 별개로 눈부신 진화를 거듭할 테고 과학기술은 언제나 그 시대 인류의 삶의 방식을 정해왔다는 것도 알고 있다. 하지만 거기에 대한 반동 혹은 되돌리려는 움직임이 언제 어떻게 일어날 것인지에 나는 관심이 갔다.

그리고 직감했다. 이제는 과학기술과 경제의 미래를 '인간의 신체 감각'이라는 관점을 빼놓고는 말할 수 없게 된 시대에 들어섰다고. 인간의 행복은 **동물로서 쾌조의 상태인지 아닌지**에 달려 있다. 생명의 '살아 있다는 감각'은 몸의 느낌과 떼려야 뗄 수 없다. 몸을 방치하고 몸의 쓰임을 빼앗아가기만 하는 사회 시스템은 오래갈 수 없으며 머지않아 틈이 벌어져 모순을 드러낸다.

무엇보다, 인간이라는 생물의 설계는 적어도 20만 년 동안 변하지 않았다. 하버드 의과대학 정신의학과 교수 존 레이티가 지적하듯, 수렵채집 시대 이래로 인체에는 특별히 이렇다 할 '업데이트'가 없었다. 그러므로 과학기술이 앞으로도 계속 발전한다면, 어떻게 몸 본연의 감각 유지와 양립할지가 동전의 앞뒷면 같은 쟁점이 되지 않을까.

답을 찾는 일은 인류의 역사를 되짚는 데서 시작해야 한다고 생각했다. '문명의 발전과 함께 인류가 무엇을 잃어왔는지' 더 들어보는 것이다.

그렇게 도달한 대답은, 인류를 인류답게 만든 '직립 이족보행'이었다.

우리는 걷지 않게 되었다.

걷지 않아도 되게 되었다, 라고 바꿔 말할 수도 있다. 걷기 이외의 모빌리티는 한때의 개발 열기가 한풀 꺾이긴 했어도 앞으로도 계속 진화할 것이며, 이동하지 않고서 할 수 있는 일들은 지금도 늘어나고 있다. 하지만 모빌리티 기술을 이야기할 때도, 미래 도시상을 그릴 때에도, 정작 '인간 스스로에 의한 이동'이라는 본질적 시각이 쏙 빠져 있는 경우가 적지 않다.

'걷기는 몸에 좋다' 같은 흔한 건강서를 쓰고 싶지 않다. 단순히 운동의 하나로 받아들이면 결국 유행으로 끝날지도 모른다. 하지만 애초에 걷기는 유행이 되어선 안 된다. 걷는다고 해서 살이 빠지는 것도 아니다. 자세한 내용은 본편에서 다룰 테지만, 적어도 다이어트하고 싶은 사람의 기대를 충족할 내용은 아닐 것이다.

나는 '발'에 흥미가 생겼다. 천재 레오나르도 다 빈치가 해부학자로서 가장 주목했던 것이 바로 '발의 구조'였다고 한다. 그동안 내 발에 너무 무관심했음을 깨달은 것은 '신발'이라는 테크놀로지를 깊이 파고들 때였다.

신발은 분명 인류사의 혁신이다. 하지만 언제부터인가 몸의 감각을 빼앗아온 존재가 되었다. 이렇게 말해도 아직 와닿지 않는 분들이 다수일 것이다. 나 역시 이번 취재를 이어가기 전에는 알 길이 없었다. 도시화 시대의 우리가 눈치채지 못한 사이 얼마나 길들여지고 생명력이 깎여나갔는지⋯⋯.

그러니까 문명을 버리고 수렵채집 시대로 돌아가자고 말할 생각은 없다. 근본주의적이고 비현실적인 메시지를 주장하려는 것이 아니다.

하지만 '어느새 걷지 않게 되는' 지금의 사회구조에 무심하면 우리는 알 수 없는 피로에 끊임없이 시달릴 수밖에 없다. 그러다 '운동 부족을 극복하자'고 불쑥 마음먹고—운동 프로그램이 온갖 마케팅 경쟁 속에 펼쳐지고—유행의 물결과 사이클에 휘둘리는—이 무한 루프에서 영원히 빠져나올 수 없다. 근본적으로는 아무것도 해결되지 않은 채로.

보다 근원적으로 인류 700만 년 역사의 시간축을 되돌아보고, '산업혁명 이후'라는 고작 0.01%에 불과한 근현대의 짧은 기간 동안 우리가 급속히 잃어가고 있는 것—그러나 정말 잃어서는 안 되는 것—을 좇아가 보았다.

이 책을 다 읽을 즈음에는 분명 여러분도 여기에 공감해주시리라 믿으며 여정을 시작하려 한다.
걷는다는 것은, 존귀한 일이라고.

Step 1
뇌

걸으면 아이디어가 쏟아진다

내가 집중하는 순간은 걷고 있을 때뿐이다.
걸음을 멈추면 생각도 멈춘다.

-장 자크 루소(철학자)

잡스도 저커버그도 마구 걷는다

스티브 잡스^{Steve Jobs}는 산책광이었다.

중요한 이야기는 오래 걸으면서 하는 게 잡스식이었다.
(Taking a long walk was his preferred way to have a serious conversation.)
― 월터 아이작슨, 『스티브 잡스』

잘 알려진 유명한 이야기[1]다.
애플의 전설적 디자이너인 조너선 아이브와 브레인스토밍

---

[1] Carmine Galo, (2017). "Steve Jobs Practiced This 1 Habit That Triggers Creative Ideas, According to Neuroscience", *Inc*.

산보를 하는 그의 모습을 흔히 볼 수 있었다고 하며, 이런 증언을 하는 사람은 전기 작가 월터 아이작슨뿐만이 아니다. 25년이라는 세월 동안 잡스를 취재하고 저서 『비커밍 스티브 잡스』를 낸 작가 브렌트 슐렌더는 "잡스는 무언가 이야기하고 싶을 때 언제나 산책에 초대했다"고 돌이킨다.

『스티브 잡스』 전기에서 '산책'이라는 단어는 27회나 나온다. 단순히 많이 나온 것이 아니라, 내용을 들여다보면 중대한 사업 협상이나 아이디어의 발현이 '산책 중'에 이루어지는 장면이 다수다(신발도 안 신고 맨발로 걷는 잡스의 묘사가 많은 것도 매우 흥미롭다).

> 1995년 크리스마스 휴가로 하와이의 코나 빌리지를 방문한 스티브 잡스는 친구인 오라클 회장 래리 엘리슨과 해변을 산책하던 중, 공개 매수로 애플을 인수해 잡스를 다시 톱 경영자로 올려놓겠다는 아이디어를 제안받는다.
> ─같은 책

스티브 잡스는 왜 진지한 대화를 나눌 때 주로 걸었을까?

우선은 선구적 인물들이 걷는 걸 어떻게 생각하고 어떤 습관을 지녔는지 살펴보기로 하자. 걷기를 중시하고 일상적으로 행하던 명사는 스마트폰 시대를 연 스티브 잡스뿐만이 아니다.

세계 최대 SNS 플랫폼 메타(구 페이스북)를 탄생시킨 마크 저커버그Mark Zuckerberg가 그 예다.

저커버그도 걸으면서 회의하는 모습이 종종 목격되었는데 그가 메타 본사 옥상에 '워킹 트레일Walking Trail(긴 산책로)'을 조성한 것까지 아는 사람은 많지 않다.

이 산책로를 걸어본 메타 직원의 증언을 토대로 함께 둘러보자.

메타 본사의 옥상. 독자 여러분도 구글맵에서 'MPK21'을 검색하여 '항공사진' 레이어를 선택하면 볼 수 있다. (사진: Meta)

2015년 3월 완공된 메타의 신사옥 'MPK20'은 9에이커(약 1만 1000평)에 달하는 옥상 산책로를 갖추고 있다.[2] 그곳에 심긴 350그루 이상의 나무는 근방에 있던 새 수백 마리의 서식지가 되었다고 한다.

나아가 2018년, 그 옆으로 확장해 지은 'MPK21' 건물 옥상에도 3.6에이커(약 4400평)의 산책로가 있고 200그루 이상의 수목이 심겼다고[3] 하니 어마어마하다. 합계 12.6에이커[4]면 약 5.1

메타 본사 옥상의 입구 안내도. ① Kakadu(카카두, 호주의 유명한 국립공원), ③ Pantanal(판타날, 남미의 광활한 습지대) 등 산책로 지점마다 경관에 어울리는 세계 각지의 지명이 기재되어 있다.

---

2 LEVEL 10 CONSTRUCTION "META MPK20"
3 John Tenanes, (2018), "Expanding Our Home in Menlo Park", *Meta*.
4 MaeRice, (2020), "Wild Foxes Roam Facebook's Menlo Park Headquarters", *Built In*.

헥타르인데, 5만 명을 수용하는 도쿄돔(4.6헥타르)보다도 더 넓은 면적의 산책로를 인공적으로 조성한 것이다. 그곳에서는 늘 상 걸으며 미팅하는 메타 직원들의 모습을 볼 수 있다.

2015년 3월 31일, 저커버그는 자신의 페이스북에 신사옥에 담긴 의도를 다음과 같이 썼다.[5]

> 우리는 이런 공간을 바라왔습니다. 우리 서비스를 통해 구현하고자 하는 공동체 의식과 팀 간의 유대가 태어날 수 있는 곳을요. (중략) 이곳에서는 누구나 돌아다니고 누구와도 쉽게 협력할 수 있습니다. 옥상에 9에이커의 공원과 워킹 트레일이 정비되어 있으니까요.

메타 직원들이 말하길 산책로는 평탄한 편이지만 끝에서 끝까지 걷는 데에는 상당한 시간이 걸린다고 한다. 저커버그가 이토록 옥상 정원과 산책로 조성에 신경 쓴 이유는 초록색 자연으로 가득한 일터가 인재 채용에도, 직원의 의욕을 높이는 데에도 효과적이라 판단해서일 것이다.

하지만 그것만이 목적이었다면 식물만 많이 심으면 된다. 어째서 거기에 '워킹 트레일'까지 깔았을까. 바로 이것이, 그 시설의

---

[5] Mark Zuckerberg. (2015, March 31). Facebook.

└ 산책로를 걷고 있는 메타 직원

┌ 맨 끝까지 걸어왔을 때의 풍경

옥외를 거닐며 대화 중인 마크 저커버그. 사무실 안팎도 자주 걷는다고 한다. (사진: A1Cafel, Wikimedia Commons)

거대함에 눈이 휘둥그레진 내가 가장 주목한 점이었다.

저커버그는 직원들에게 '걸을 수 있는 곳'을 제공하고 싶었던 것이다.

걸었더니 답이 번뜩 떠오른 경험을 해본 사람이 적지 않을 것이다. 걷기와 사고력은 연결되어 있다. 그 사실을 잡스도 저커버그도 눈치채고 있었다.

걸어서 직원들의 창의력Creativity과 생산성이 향상된다고 하면, 메타만 한 빅테크 기업이 신사옥에 그 정도 공간과 예산을 할애해 호화로운 산책로를 지어버리는 것도 고개가 끄덕여진다.

위인들은 눈치채고 있었다

사람은 왜 걸을까. 움직이면 뇌가 활발해지는 점과 깊은 관련이 있을 것이다.

아이디어를 떠올리는 기술로서 '걷기'의 효능을 알아챈 것은 그들만이 아니다. 과거 위인들 또한 이를 눈치채고 있었다.

미국 언론인 플로렌스 윌리엄스는 저서 『자연이 마음을 살린다The Nature Fix』에서 위인들과 걷기에 얽힌 몇 가지 흥미로운 일화를 소개한다.

예를 들어 영국의 제임스 와트(1736~1819년)는 글래스고의 녹지를 걷던 도중 증기기관 개량안을 생각해냈다고 한다. 연료를 덜 쓰면서도 더 큰 동력을 내게 한 이 개량이 산업혁명의 결정적 신호탄이 되었다.

발명가 에디슨의 라이벌로 알려진 니콜라 테슬라(1856~1943년)도 친구와 시를 낭송하며 부다페스트 공원을 걷다가 한 가지 아이디어를 떠올렸다.[6] 그것이 바로 교류 전기를 이용한 모터 설계도다.

전류가 시계추처럼 왔다 갔다 하는 교류 전기는 변압기로 전압을 쉽게 조절할 수 있다. 먼 거리까지 보내도 손실이 적어 오늘날 우리가 쓰는 가정용·산업용 전력의 대부분을 이룬다. 교류 전기를 써서 제대로 기능하는 실용적 모터는 테슬라가 완성하기 전까지 세상에 존재하지 않았다.

이처럼 세상을 바꾼 세기의 아이디어는―그것이 한 사람의 발명가에 의한 혁신이었느냐는 논의는 차치하더라도― '산책 중'에 탄생한 경우가 많다.

발명가뿐만이 아니다. 생물학자 찰스 다윈, 철학자 프리드리히 니체, 임마누엘 칸트 등 세계에 절대적인 영향을 끼친 위인들은 산책을 좋아했다고 알려져 있다.

과거의 위인들이 남긴 격언 중에는 '걷는 것'의 중요성을 분명하게 언급하는 말이 많다. 몇 가지를 소개해본다.

---

6 겐조 다카시(見城尚志), 모터의 불가사의와 한층 높은 가능성의 탐구 제1회 니콜라 테슬라: 지는 석양으로부터 교류 모터 발명, Nidec, 2012년 10월 1일.

"걷기는 인간에게
가장 훌륭한 약이다."

히포크라테스
(고대 그리스의 의사, 기원전 460~370년경)

"특히 식후에는 반드시
수백 보 걸어야 한다.
그러지 않으면
생명력이 충분히
발휘되지 못해 몸이
약해져버린다."

가이바라 에키켄
(유학자, 1630~1714년)

"산책에는
나의 사고를 자극하고
활기를 띠게 하는
무언가가 있다."

장 자크 루소
(철학자, 1712~1778년)

"수면과 걷기는
줄여서는 안 된다."

존 애덤스
(미국 제2대 대통령, 1735~1826년)

"숲, 나무, 덤불, 잔디, 바위 사이를 걷는 것만큼 행복한 일은 없다."

루트비히 판 베토벤
(작곡가, 1770~1827년)

"걷기를 계속하면 모든 것이 잘된다."

쇠렌 키르케고르
(철학자·이상가, 1813~1855년)

"진정으로 위대한
모든 생각은
산책 중에 떠오른다."

프리드리히 니체
(철학자, 1844~1900년)

"인간은 뇌로
생각한다고 여기지만,
나는 발로 생각한다."

자크 라캉
(철학자·정신의학자, 1902~1981년)

이와 같이 위인들은 인간에게 있어서, 특히 인간이 창의력을 발휘하는 데 있어서 걷기가 중요하단 것을 깨닫고 있었다.

그렇다면 거기에 '과학적 근거'는 있을까? 과연 위인들의 지레짐작이 아니라 실제로 걸으면 '뇌가 활발해지는' 것일까? 걷는 행위 이면의 어떤 구조가 우리 몸에 작용하는 것일까?

나의 호기심은 서서히 그쪽으로 옮겨갔다.

최신 과학은 정말로 '**걸으면 뇌가 단련된다**'는 것을 상당히 시사하고 있었다.

걸으면 뇌는 어려진다?!

근 10년 동안, 걷기와 뇌의 상관관계를 해명하는 수백 개의 연구 논문이 쏟아졌다. 그중 미국 다트머스 대학 인류학 교수 제레미 데실바 Jeremy DeSilva는 저서 『퍼스트 스텝 First Steps』에서 다음과 같이 서술했다.

보행은 뇌를 변화시킨다. 나아가 보행은 창의력과 더불어 기억력에도 영향을 준다.

'기억력'을 언급하는 이는 데실바뿐만이 아니다. 『운동화 신은 뇌 Spark』의 저자이자 하버드 의과대학 정신의학과 교수 존 레이티 John Ratey, 『운동하는 뇌는 왜 운동을 원하는가 Hjärnstark』

의 저자이자 스웨덴 정신과 의사 안데르스 한센Anders Hansen도 같은 지적을 한다. 이들을 비롯한 많은 연구자가 가장 주목하고 발 빠르게 소개하고 있는 연구 성과가 바로 뇌에서 기억을 관장하는 부위인 '해마海馬'에 관한 연구다.

해마의 학명은 '히포캄포스Hippocampus'다. 그리스 신화에서 바다의 신 포세이돈이 타고 다니는 반마반어 괴물 히포캄포스와 생김새가 비슷하여 그렇게 지어졌다고 한다.

해마는 나이가 들수록 줄어드는 것으로 알려져 있다. 감소 속도는 매년 1~2% 정도다. 그 때문에 우리 뇌는 사물을 기억하는 걸 점점 어려워한다.

그런데 자주 걸으면 해마의 부피 감소 속도를 억제할 수 있고, 그걸 넘어 부피를 더 키울 수조차 있다는 것이 밝혀졌다.[7]

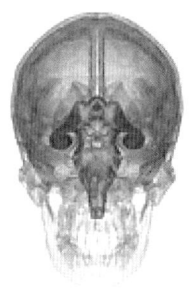

해마 (출처 : "Anatomography" Life Science Databases(LSDB)CC BY-SA 2.1 JP)

대표적인 연구가 2011년 미국 일리노이 대학과 피츠버그 대학을 중심으로 한 연구팀이 발표한 논문이다. 연구팀은 55세부터 80세까지 120명의 노인을 대상으로 1년간의 운동 도입 실험을 했다. 피험자를 두 그룹으로 나누어 한쪽에는 주 3회의 워킹을, 다른 한쪽에는 스트레칭 체조를 시키고 그 효과를 비교했다.

워킹 프로그램은 단계적으로 강도를 높였다. 처음에는 10분 걷기로 시작해 매주 5분씩 시간을 늘려 7주 차에는 40분 걷기를 했다. 그 뒤로는 프로그램 종료까지 매회 40분간 걸었다. 피험자마다 심박계를 장착해 운동 강도를 관리했고, 매번 워킹 전후에는 워밍업Warm-up(몸 데우기)과 쿨다운Cool-down(몸 식히기)을 위해 약 5분씩 스트레칭을 진행했다.

결과는 놀라웠다. 워킹 그룹의 해마는 무려 약 2%나 부피가 늘어났던 것이다. 대조적으로 스트레칭 그룹의 해마는 1.4% 축소했다. 이 2%라는 부피 증가 수치는, 걷기가 노화에 따른 자연적인 해마 축소를 막고 오히려 해마를 성장시켰다는 것인데, 즉 **걷기에는 나이를 1~2세나 어려지게 하는 효과가 있었다는 의미다.**

---

7 Kirk Erickson etal.,(2011). "Exercise training increases size of hippocampus and improves memory". *Proc Natl Acad Sci USA*, 108(7), 3017-22

더욱 흥미로운 점은 해마 중에서도 특히 '앞부분'에 성장 효과가 두드러졌다는 사실이다. 이 부위는 공간 기억 획득에 관여하며, 나이 들수록 특히 위축되기 쉬운 영역으로 알려져 있다. 연구팀은 실제로 피험자의 기억력이 향상되었음도 확인했다.

어떻게 이런 일이 벌어지는지 그 메커니즘에 대해서도 중요한 발견이 이루어졌다. 걷기를 통해 증가한 해마의 부피는 혈액 속 BDNF^{Brain Derived Neurotrophic Factor 뇌유래신경영양인자}로 불리는 물질의 증가와 관계가 있었다.

BDNF는 뇌의 영양소와 같은 물질로, 존 레이티는 "뇌의 슈퍼 영양제"라고 표현하고 있다. 이 영양제가 해마 속에서 작용해 새로운 신경세포(뉴런)를 만들어내거나 기존 신경세포의 성장을 촉진하는 것이다. 여러분이 걷는 동안 해마의 작용으로 싱싱한 뉴런이 차례차례 탄생한다고 생각해보라.

최근의 연구들은 해마가 기억 기능뿐만 아니라 감정 기능도 담당한다고 보고 있다. 또 뇌에서 처리되는 대부분의 정보가 일단 해마로 보내진다고 한다. 감정의 밸런스도, 정보 처리도, 해마가 열쇠를 쥐고 있는 셈이다.

우리 몸은 걷기를 전제로 설계된 구조를 이어받았다. 그렇기에 걷는 인간의 뇌는 저절로 단련되어 건강한 상태를 유지하도록 프로그램되어 있을지 모른다.

한때는 나이 들며 뇌가 쇠약해지는 과정은 결코 피할 수 없다고 생각되었다. 뇌의 해마 연구를 전문으로 하는 도쿄 대학의 히사쓰네 다쓰히로久恒辰博 박사는 "20세기엔 '성인이 되면 뇌의 뉴런은 더 이상 태어나지 않는다'고 줄곧 믿어왔다"고 말한다.[8] 그러나 현대 과학은 노화에 인지기능 저하가 반드시 따르는 것은 아님을 새로이 발견했다.

히사쓰네 박사는 "주 3회 15분 이상의 워킹을 하면 알츠하이머병의 발병률이 35~40% 억제될 수 있다"고도 덧붙였다. 걷기에는 그야말로 지금까지의 상식을 뒤엎을 정도의 힘이 숨어 있었다.

---

8 히사쓰네 다쓰히로(久恒辰博), 『왜 걸으면 뇌는 늙지 않을까』, PHP研究所, 2010.

스탠포드의 '걷기 실험'

아무래도 인간의 뇌는 걷기로 활성화되어 아이디어 발상에 긍정적인 영향을 받는 듯하다. 위인들이 눈치챘던 것처럼.

그럼 실제로 걷기만 하면 크리에이티브한 사람이 될까? 걸어서 뇌를 단련하면 정말 창의력 향상으로 이어질까?

나와 비슷한 의문을 품은 연구자들이 이 또한 증명해냈다. 바로 미국 스탠퍼드 대학이 2014년에 실시한 실험을 통해서다.[9] 모든 문헌에서 자주 인용되는 실험이자 이 분야에서 가장 저명한 연구 성과다.[10]

---

9 Stanford University,(2014), "Stanford study finds walking improvescreativity", Stanford Report.
10 Gretchen Reynolds,(2014, April 30), "Want to Be More Creative? Take a Walk", *The New York Times*.

이 실험의 참가자는 176명의 학생이었다. 한 번은 의자에 앉아서, 다음은 (실내 러닝머신으로) 걸으면서, 일상에서 흔히 볼 수 있는 도구를 창의적으로 사용하는 법을 가능한 한 많이 나열하도록 했다.

일상에서 흔히 볼 수 있는 도구란 단추나 타이어 같은 것들이다. 예컨대 "단추의 새로운 사용법을 생각해보시오"라는 문구가 나온다. 그러면 참가자는 "귀걸이로 사용한다, 책갈피로 사용한다, 보드게임의 말로 사용한다……" 식의 아이디어를 떠올린다.

그 아이디어의 개수 자체가 창의력 지표 중 하나가 되고, 더불어 하나하나의 아이디어가 얼마나 참신하고 독창적인지에 대해서도 0~5점으로 점수가 매겨진다. 가령 '단추를 귀걸이로 사용한다'는 아이디어라면 실생활에도 적용할 수 있고 독창적이므로 4점이라는 고점이 매겨지는 식이다.

이제 그 실험 결과를 살펴보자.

무려, 걸으면서 낸 아이디어의 창의력 점수가 앉아 있을 때의 점수보다도 평균 60%나 높았다(그림 1). 게다가 81%의 학생이 놀라운 점수 상승을 보였다.

이 실험이 유니크한 것은, 창의력 테스트뿐만 아니라 '수학적 사고로 정답을 구하는 테스트'도 실시해서 비교했다는 섬

걷고 있을 때 쪽이 60%나 점수가 높았다.

그림 1. 스탠퍼드 대학의 2014년 논문

이다. 즉 '정해진 하나의 정답을 구하는 과제'도 주었다. 이 테스트의 경우, 앉아 있는 상태 쪽이 더 점수가 높았다는 결과가 나와 흥미롭다.

달리 말하면, 걷는 일은 기존의 틀을 벗어난 **발산적인 사고력**을 높이는 데 효과가 있다고 할 수 있다.

> 아이디어에 발을 달아주자: 보행이 창조적 사고에 미치는 긍정적 효과
> (Give Your Ideas Some Legs: The Positive Effect of Walking on Creative Thinking)

이런 제목이 붙은 연구[11]를 주도한 이는 스탠퍼드 대학 교육대학원 교수 다니엘 슈워츠Daniel L. Schwartz와 당시 대학원생이었던 마릴리 오페조Marily Oppezzo다.

두 사람은 함께 걷다가 '산책 도중 나눈 대화'가 창의적인 아이디어를 낳는 계기임을 깨닫고,[12] 이를 실험으로 확인해보기로 했다. 걷기와 창의력의 관계에 대해서는 과거 작가나 철학자들의 일화가 잘 알려져 있었지만, 그때까지 과학적 근거는 부족했다. 그래서 두 사람은 이 분야를 체계적으로 조사하고자 한 것이다.

미국심리학회American Psychological Association가 발행하는 실험심리학 분야의 주요 학술저널인 〈Journal of Experimental Psychology〉에 이 논문이 실렸을 때 두 사람은 다음과 같이 결론 내렸다.

걸으면 아이디어가 자유롭게 샘솟습니다.
보행은 창의력을 높이는 간단하고 견고한 해결책입니다.

---

11 Marily Oppezzo, Daniel L. Schwartz,(2014), "Give Your Ideas Some Legs: The Positive Effect of Walking on Creative Thinking", *Journal of Experimental Psychology*, 40(4),1142-52.
12 Julia Savacool, (2014), "Think on your feet: Walking boosts creativity", USA TODAY.

덧붙여 두 사람의 논문에는 걷기가 기분을 좋게 하여 발산적 사고를 촉진한다는 점, 편안히 휴식하면 평소 잊고 있던 정보나 아이디어가 떠오르기 쉽고 뇌 경로가 활성화된다는 점 등이 가설로서 실렸다.

다만 왜 걷기가 창의력을 높이는지, 그 구체적인 메커니즘까지는 연구 대상으로 삼지 않고 있다. 그 밖의 자료도 조사해 보았는데 모두 가설에 머무르고 있다. 뇌의 메커니즘이 그만큼 복잡하고, 뇌과학이 아직 발전하는 단계이기 때문일 것이다. 그렇다 해도, 창의력이 높아진다는 결론만은 확실한 듯하다.

그리고 흥미로운 점이, 이 실험이 행해진 스탠퍼드 대학교는 캘리포니아주 실리콘밸리에 위치해 있고, 이곳은 공교롭게도 애플과 메타 같은 테크 기업과 스타트업들이 모인 집적지라는 것이다.

그래서일까. 아니면 스티브 잡스가 실천했단 사실이 너무나 유명해졌기 때문일까. IT업계에는 '걷기'의 중요성이 이미 당연한 일상의 일부가 되었다.

걷기와 창의력의 관계

걷기와 창의성의 관계를 확실히 실감하고 있는 IT업계의 인물이 있다. 실리콘밸리의 전설적 액셀러레이터(육성기관)인 '와이콤비네이터 Y Combinator'의 공동 창업자 폴 그레이엄 Paul Graham 이다.

그는 스타트업 생태계에서 실리콘밸리는 물론 전 세계적으로 지대한 영향력을 지닌 인물이다. 저명한 컴퓨터 과학자로서 많은 프로그래머와 엔지니어로부터 절대적인 신뢰를 받고 있으며, 통찰력 있는 에세이스트로도 유명해 수많은 기업가가 그의 저술을 참고한다.

특히 잘 알려진 글로는 기업가 정신을 설파한 기사「How to Start a Startup(스타트업을 시작하려면)」, 창업자 조직에 깊세

관여해야 한다고 지적하는 기사 「Founder Mode(창립자 모드)」가 있으며, 특히 저서 『해커와 화가 Hackers & Painters』는 지금도 널리 읽히는 명저다.

폴 그레이엄은 '걷기'에 대해 X(구 트위터)에 다음과 같이 포스팅했다.

내가 지금까지 써온 에세이의 대부분은 걷다가 떠올린 생각에서 비롯되었고, 와이콤비네이터가 실천하는 면담의 기본은 '창업가들과 산책하기' 입니다.
애초에 와이콤비네이터부터가 산책하던 중에 창업이 결정되었으니까요.

폴 그레이엄이 공동 창업한 와이콤비네이터는 쉽게 말해 '초일류 기업가 양성 스쿨'이다. 젊은 시절 이곳의 문을 두드려 그레이엄의 가르침과 지도를 받고, 결국 그로부터 와이콤비네이터의 CEO 자리를 계승한 인물이 있다. 훗날 일론 머스크 등과 오픈AI를 창업해 챗GPT를 탄생시킨 샘 올트먼이다.

와이콤비네이터가 실제로 성공시킨 스타트업으로는 민박 서비스를 전 세계에 전파한 Airbnb(에어비앤비), 결제 서비스의 강자 Stripe(스트라이프), 암호화폐의 세계적 플랫폼 Coinbase(코인베이스), 소셜 뉴스 사이트 Reddit(레딧) 등 일일이 열거할 수 없을 만큼 많다.[13] 이처럼 세계적으로 유명한 기업가와 스타트업의 성장을 돕는 육성기관의 시작 자체가, 걷고 있을 때 떠오른 아이디어였던 것이다.

덧붙여 그레이엄은 최근 쓴 「How to Do Great Work(위대한 일을 하려면)」라는 에세이에서도 '집중, 릴렉스, 사고, 발상을 위한 걷기의 중요성'을 거듭 서술했고 "걸어서 통근할 수 있으면 더없이 완벽하다"고 잘라 말하고 있다. 또 미국의 저명한 작가와 저자들의 일상 습관을 소개하는 미디어 Writing Routines와의 인터뷰에서는, 글이 써지지 않을 때의 해결책 또한 걷는 것이라고 말할 정도다.[14]

다음에 뭘 쓸지 떠올리려면 걸으면 됩니다.
사무실 주변을 돌아다니는 것만으로 충분할 때도 있고, 밖에 나가서 산책해야 할 때도 있습니다.

그의 에세이가 널리 영향을 미친 것일까. 실리콘밸리에서는

---

13 와이콤비네이터 웹사이트에 있는 「Startup Directory」에서 그들의 투자처 목록을 확인할 수 있다.
14 Writing Routines, "Legendary Technologist And Essayist Paul Graham On Walking Into Ideas, The Test Of Good Writing, And Becoming A Connoisseur Of Bad Writing".

'어떤 방법'이 일상다반사의 문화로 반쯤 자리 잡았는데, 바로 워킹 미팅이다.

워킹 미팅이라는 방법

앞서 언급한 스탠퍼드의 실험 결과가 세상에 알려진 것과 때를 같이하여, 미국에서는 워킹 미팅의 장점이 유독 각광받기 시작했다. 스티브 잡스, 마크 저커버그 외에 트위터(현 X)의 공동 창업자 잭 도시Jack Dorsey가 워킹 미팅을 실천하는 인물로 빈번하게 소개된 것도 이 무렵이다.

잭 도시에게는 "간디 워크"라고 불리는 나름의 의식이 있다. 잭 도시가 창업한 또 다른 회사 Square(현 Block)의 신입사원이라면 누구나 거쳐야 하는 의식으로, 샌프란시스코에 있는 간디 동상에서 출발해 본사까지 걸어가며 회사의 기본 지침을 알려주는 것이다.

잭 도시는 이것이 일주일 중 최고의 즐거움이라고 X에서 밝

간디 동상 앞에서 모인 Square 직원들과 잭 도시 (출처: 잭 도시의 X)

힌 바 있다.

이외에도 미국 〈허프 포스트〉는 비즈니스 특화형 SNS를 전개하는 '링크드인LinkedIn'의 흥미로운 케이스를 소개하고 있다.[15] 스탠퍼드의 실험 결과가 공표된 다음 해인 2015년의 일이다.

당시 엔지니어링 담당 부사장 이고르 페리시치Igor Perisic에 따르면, 링크드인의 검색 기능 문제를 해결하기 위해 화이트보드

---

15 Emily Peck. (2015 Apr 9). "Why Walking Meetings Can Be Better Than Sitting Meetings." *HUFFPOST*.

가 있는 회의실에서 몇 시간 동안 논의했지만 해결책을 찾지 못했다고 한다. 그래서 전원이 산책을 나가 이야기를 이어갔더니, 그날 집에 돌아온 후 솔루션이 될 만한 아이디어가 마침내 떠올랐다는 것이다.

이 일화는 스탠퍼드의 걷기 실험 결과와도 맞아떨어진다. 사실 이 실험에는 후속편이 존재하는데 '걷고 나서 자리에 앉아도 창의력 향상 효과는 지속되는지'를 검증하는 것이었다. 결과는 예상대로다. 걷고 나서 앉았을 때의 창의력 점수는 걷고 있을 때만큼은 아니더라도 앉아만 있을 때보다 높은 수치를 기록했다.

창업 초기 급성장하던 링크드인은 사람 수에 비해 회의 공간이 부족해서 회의실 예약이 힘들었다. 특히 채용을 가속하는 국면에 들어서자 오피스 확장도 늘어나는 인원을 따라잡을 수 없었다. 그 바람에 링크드인에 '워킹 미팅'이라는 스타일이 뿌리내리게 된다. 참으로 스타트업계 현장다운 일화가 아닌가.

그리하여 지금 링크드인 직원들은 자전거 전용 도로를 산책하며 일대일 미팅을 자주 가진다고 한다. 한 바퀴 걷는 데 20~25분 정도 걸리는 길이라서 30분짜리 미팅에 최적이다.

덧붙여 워킹 미팅이 미국에 쉽게 자리 잡은 데에는 창의력을 높이는 효과는 말할 것도 없고, 운동 부족을 해소한다는 측면도 작용했다(미국에서 비만의 사회문제화 현상은 우리와 비할 바가 아니다).

재밌게도 〈허프 포스트〉의 기사에는 같이 걸으면 아이컨택 할 일이 적기 때문에 긴장이 덜하고 대화하기 쉽다는 주장이 세세한 사례와 함께 소개되고 있다. 링크드인의 이고르 페리시치 부사장은 테이블을 사이에 두고 마주보는 회의 방식을 가리켜 "교장실에 불려온 기분이 들게 한다"고 비유했다. 요컨대 경직된 분위기가 창의력을 저해한다는 의미다. 페리시치가 교장 선생님 쪽인 경우가 많을 것 같긴 하지만.

한편 미국 〈하버드 비즈니스 리뷰〉 또한 「How to Do Walking Meetings Right(제대로 워킹 미팅 하는 법)」이라는 기사를 공개했다. 이것도 2015년의 일이다. 기사에는 메타가 왜 신사옥 옥상에 산책로를 지었는지에 대한 내 가설과 비슷한 내용이 적혀 있다.

미국 직장인 약 150명을 대상으로 워킹 미팅과 업무 습관에 관해 앙케트 조사를 했는데, 워킹 미팅에 참여하고 있는 사람은 그렇지 않은 사람에 비해 '창의적인 일을 하고 있다'고 답변하는 비율이 5.25% 높았다고 한다. 또 워킹 미팅에 참여하고 있는 사람은 8.5%나 높은 의욕 수준을 보이는 경향도 있었다.

또 이 기사는 의학 박사의 주장도 인용하면서 "창의력과 의

욕을 적절히 높이는 데는 워킹 미팅만큼 가성비 좋은 방법이 없다"라고 결론짓는다. 메타도 바로 이 점을 보고 투자했다는 가설을 세울 수 있다.

베토벤, 뇌를 쉬게 하다

다시 스탠퍼드의 '걷기 실험'으로 돌아가보자. 이 실험에는 후속편이 하나 더 있다. 실내의 러닝머신을 걸었던 그룹보다 야외를 걸었던 그룹의 창의력 점수가 더 높았던 것이다.

흥미롭게도, 같은 야외라도 인공적인 도시보다 '자연' 속에서 걷는 게 더 좋다는 설이 있다. 여기서부터는 스탠퍼드의 실험 범위를 넘어선다.

과거의 위인 중 이를 몸소 경험한 인물이 있는데, 오스트리아 빈의 숲속을 즐겨 걸었던 베토벤이다. 〈전원교향곡〉은 자연 속을 걷다가 작곡한 작품이라고 한다.[16]

---

16 National Environmental Treasure,(2019), "Beethoven's Symphonic Homage to Nature".

자연을 걷는 베토벤 (출처: Michael Martin Sypniewski, Public Domain, Wikimedia Commons)

아이디어는 부르지 않아도 찾아온다. 숲속을 걷고 있으면.

베토벤은 매일 오후에 산책하는 습관이 있었다. 나중에 그는 지병 악화와 청력 상실을 겪지만, 자연 속 장시간 산책으로 정신을 치유하고 건강을 유지하는 데 도움을 받았던 것 같다. 산책이 그에게 기분 전환을 넘어 창작 활동의 일환이었다는 점이 재미있다.

그렇다면 왜 자연 속을 걸으면 '더 좋을까'. 사실 몇 년 전부터 그 이유를 찾아 전 세계 디자이너의 취재 의뢰가 쇄도하고 있는 곳이 다름 아닌 일본에 있다.

바로 치바 대학의 자연 테라피학 연구실이다. 〈월스트리트 저널〉, 〈타임〉, 〈내셔널 지오그래픽〉, 〈워싱턴 포스트〉, 브라질 국영TV, 프랑스 국영TV……. 말 그대로 전 세계 언론이 취재를 요청하고 있다. 나 또한 그곳을 찾았다.

이 연구실의 주인은 미야자키 요시후미宮崎良文 명예 교수와 이케이 하루미池井晴美 교수. 이들은 2004년부터 2018년까지 15년에 걸친 실험을 통해, 도시 산책을 한 사람보다 삼림 산책을 한 사람의 스트레스가 더 줄어든다는 것을 밝혀냈다.[17]

더 중요한 것은, 스트레스 정도만 개선된 게 아니었다는 점이다. 삼림 산책을 한 사람은 뇌 전두전야(전두엽 앞부분)의 활동이 진정되었다. 이에 대해 미야자키 교수는 다음처럼 말했다.

뇌를 활성화시키는 게 좋다는 생각이 현대에 만연해 있지만, 사실이 아닙니다.

---

[17] Hiromitsu Kobayashi, Chorong Song, Harumi Ikei, Bum-Jin Park, Takahide Kagawa, Yoshifumi Miyazaki, (2019) "Combined Efect of Walking and Forest Environment on Salivary Cortisol Concentration", *Frontiers in Public Health*., Hiromitsu Kobayashi, Chorong Song, Harumi Ikei, Bum-Jin Park, Juyoung Lee, Takahide Kagawa, Yoshifumi Miyazaki, (2018), "Forest Walking Afects Autonomic Nervous Activity: A Population-Based Study", *Frontiers in Public Health*.

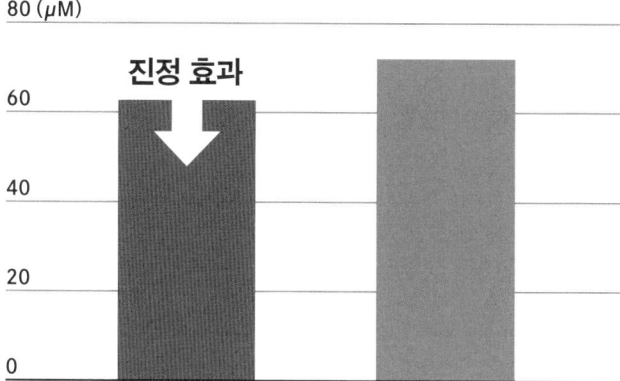

그림 2. 보행 후의 뇌 전두전야 활동(Park BJ, Miyazaki Y et al. (2007). "Physiological Effects of Shinrin-yoku (Taking in the Atmosphere of the Forest)—Using Salivary Cortisol and Cerebral Activity as Indicators—". J Physiol Anthropol. 26(2), 123-128.을 토대로 저자 작성)

 이 말의 뉘앙스는 중요하다. 왜냐하면 나는 당초 '왜 걸으면 뇌가 활발해질까?' 하는 의문을 품고 있었기 때문이다. 그런데 내가 품은 의문 자체가 틀렸을 가능성이 있다.

 현대인의 뇌는 늘 강한 각성·스트레스 상태에 있고, 오히려 너무 많은 일을 한다는 게 미야자키 교수가 하고 싶은 말일 것이다. 삼림과 같은 자연을 만나면 그런 현대인도 인간 본래의 바람직한 모습으로 돌아가게 된다고 말이다. 그러고 보면 우리는 평소에 '어떻게 뇌를 효율적으로 일하게 할까?'만 생각하고 있는지도 모른다. 사실 뇌는 그보다 휴식을 원하고 있다.

의사 이나바 도시로稲葉俊郎도 내게 같은 말을 했다. 그는 도쿄대학 부속 병원에서 십수 년간 순환기 내과 심장 전문의로 종사했다. 하지만 국소적인 의료에 한계를 느껴 세상을 넓은 시야로 바라보고 싶단 생각에 종합 진료과로 전과하였고, 현재는 가루이자와 병원 원장으로서 날마다 환자들과 마주하고 있다.

이나바는 "평소 인간은 복잡한 생각을 한다. 머리가 주도권을 쥔 상태다. 그러나 산을 걸으면 전신을 사용하는 신체 우위 상태로 옮겨가 '평소 복작거리던 머릿속이 텅 비게' 된다. 즉 '뇌가 활발해진다'기보다는 '뇌가 깨끗해진다'에 가까우며 사고가 싹 정리되는 것이다"라고 말했다.

머릿속이 텅 비는 것. 이는 내가 정기적으로 산을 오르게 된 이유이기도 했다. 평소 PC와 마주하는 나날에는 머리와 손만 우위에 있다. 이 상태를 다리와 전신의 우위로 강제 이동시켜 어떻게든 신체 밸런스를 되찾고 싶었다.

또 매일의 고민으로부터 해방되고 싶기도 했다.

우리는 대개 인간만이 가득한 인공적인 세계에 살고 있다. 그러나 본래의 생태계를 생각하면 실로 부자연스러운 일이다. 현실의 지구에는 자연과 생물의 세계도 존재한다. 이들을 접하면(이들을 잊어서 생겨난 폐해이기도 하니) 직장이나 학교에서 괴

로워하던 사람들이 순식간에 상태가 좋아진다. 이나바 도시로는 의사로서 그런 변화를 겪은 수많은 이들을 지켜봐 왔다. 과학적 근거만을 맹신하는 의료에 의문을 품어온 그는 지금, 자연의 힘을 확실히 실감한다고 말한다.

자연과 단절된 생활을 계속해온 우리는 자연에서 얻을 수 있는 행복이라는 혜택을 언젠가부터 '과소평가'하고 있다. 미국 심리학자 엘리자베스 니스벳은 자신의 연구 논문에서 그렇게 결론 내렸다.[18] 자세한 내용은 책의 6장에서 다루겠다.

나 또한 유년기에는 당연했던 자연과의 접촉을 오랜 도시 생활로 어느샌가 잃어버렸다. 그러다 보니 지구의 이상 현상도 갈수록 더워지는 날씨와 보도되는 숫자로만 이해했다. 산에 자주 오르며 자연의 압도적인 존재감을 온몸으로 느꼈을 때에야 비로소 기후 변화에 맞설 나름대로의 방법을 찾아보게 되었다.

오늘날 환경문제 대책이나 그린 비즈니스 조류가 시들해지고 있다면, 그 근본적인 이유도 여기에 있다고 생각한다. 풍요로운 도시 생활로 옮겨온 우리가 집단적으로 자연의 기억을 점점 잃어가고 있다는 사실에.

---

[18] Elizabeth K. Nisbet, John M. Zelenski, (2011), "Underestimating Nearby Nature: Afective Forecasting Errors Obscure the Happy Path to Sustainability", *Psychol Sci*, 22(9), 1101-6.

창의력을 높이는 습관

뇌를 건강하게 유지하고 창의력을 높이는 방법을 본문에서 소개한 논문들을 토대로 정리했다.

① 걸으면서 아이디어를 떠올려라

앉아서 생각하는 것보다 걸으며 생각하는 것이 창의적인 아이디어를 늘린다. 실내도 좋지만, 밖을 걷는 편이 시각적인 자극도 더해져 아이디어의 폭이 넓어질 수 있다. 작업이 막히거나 새로운 발상이 필요할 때는 짧은 시간이라도 밖에 나가 걷는 것이 가장 효과적이다.

② 일주일에 3회, 40분 걷기를 습관화하라

기억력을 향상시키려면 일주일에 3회, 1회당 40분 정도 걷는 게 효과적이다. 노화로 인한 뇌 위축을 줄여주는 것을 넘어 뇌를 회춘시키므로. 다만 장기간 꾸준히 하지 않으면 의미가 없다. 출퇴근길에 걸을 수 있는 루트를 짜보자. 차로 통근하고 있다면 주 3회는 지하철로 바꾸거나 역 하나는 걷는 식으로 방법을 마련해두면 좋다.

③ 정기적으로 자연 속을 걸어라

스트레스를 대폭 줄이고 자율신경을 안정시키는 데에는 삼림욕이 명약이라고 밝혀졌다. 주말에 잠깐 자연 속을 걷는 것만으로도 뇌가 편안하고 맑아진다. 집에서 빈둥빈둥 쉬는 것보다 생산적이고, 다가오는 한 주의 업무에도 틀림없이 활력이 생길 것이다.

가벼운 하이킹에 관한 서적이나 가이드북은 내용이 알차다. 본격적 등산이 아니라 유유히 걸을 수 있는 길을 안내하고 있으므로 훑어보길 권한다.

Step 2
신체

호모 세덴타리우스
- 앉는 인류

나에게는 두 명의 주치의가 있다.
나의 왼발과 오른발이다.
-조지 매콜리 트리벨리언(역사학자)

걷기의 5가지 효과

걸으면 뇌가 단련되고 창의력도 높아진다는 효과는 예나 지금이나 강조되어 마땅하다. 그런데 걷기의 효과 중에서 그보다 더 자주 입에 오르내리는 것이 있다.

"하루에 1만 보씩 걷자", "올바른 걸음걸이의 핵심 요령", "걷기를 생활화하자"— 바로 '걸으면 건강에 좋다'는 주장이다.

이 점은 수많은 실증적 근거가 뒷받침하고 있으며, 사람들이 '예전보다 확실히 덜 걷는다'는 문제의식과 죄책감을 품고 있는 한 몇 번이고 잡지 표지를 장식할 주제다.

'걸으면 혈당과 혈압이 떨어진다. 한마디로 장수한다.' 이런 효과를 증명한 논문들을 소개하자면 끝이 없다. 그렇지만 언급하지 않을 수 없는 주제이므로, 취재를 토대로 주요 논문 중에서 다섯 가지 효과를 골라 정리해보았다. 대충 이 정도만 알아두어도 인간이라는 동물은 '걷지 않으면 큰일 난다'는 사실을 자각할 수 있을 것이다.

② 걸으면 오래 산다

 걸으면 인간은 장수한다는 사실도 밝혀졌다. 말 그대로 수명을 연장시키는 것이다.

 예를 들어 주 150분 걷기(중~고강도로 틈틈이 하는 신체활동에 해당)를 실시하는 사람은, 운동을 하지 않는 사람보다 평균적으로 3.4~4.5년의 수명 연장이 기대된다는 것을 알아낸 연구가 있다.

 또 유럽의 어느 연구에서는 매일 20분의 산책(중간 강도의 운동)을 하면 비만 여부와 관계없이 신체활동이 전혀 없는 사람에 비해 모든 원인에 의한 사망 위험이 낮아지는 것으로 나타났다.

논문 제목	중~고강도 운동과 사망률의 관계: 대규모 복수집단 분석 Leisure time physical activity of moderate to vigorous intensity and mortality: a large pooled cohort analysis
게재 저널	PLoS Medicine
저자	Steven C. Moore, Alpa V. Patel, Charles E. Matthews 외 다수
게재일	2012년 11월 6일
실험 장소	미합중국, 국립암연구소 등을 비롯해 참가한 6곳을 코호트 연구(특정 집단을 장기간 추적 관찰)
연구 내용	65만 4827명의 참가자를 대상으로 여가 신체활동과 사망률의 관계를 분석해 중간부터 높은 강도까지의 신체활동이 모든 원인의 사망률 저하와 관련 있음을 확인했다. 특히 40세 이상인 사람들에게서 신체활동 강도가 높을수록 수명이 늘어나는 경향이 나타났으며, 적당한 운동도 뚜렷한 수명 연장 효과가 있음이 확인됐다.

논문 제목	장시간의 앉은 자세를 단시간의 가벼운 운동으로 끊어주는 것의 제2형 당뇨병에 대한 효과 Benefits for Type 2 Diabetes of Interrupting Prolonged Sitting With Brief Bouts of Light Walking or Simple Resistance Activities
게재 저널	Diabetes Care
저자	Paddy C. Dempsey, Robyn N. Larsen, Parneet Sethi, Julian W. Sacre, Nora E. Straznicky, Neale D. Cohen, Ester Cerin, Gavin W. Lambert, Neville Owen, Bronwyn A. Kingwell, David W. Dunstan
게재일	2016년 4월 13일
실험 장소	호주, Baker IDI Heart and Diabetes Institute
연구 내용	앉은 자세의 장시간 지속에 따른 건강 리스크를, 가벼운 운동(워킹 또는 저항 운동)으로 그 자세를 끊어줌으로써 낮출 수 있는지 평가. 제2형 당뇨병이고 비활동적인 비만·과체중 성인 24명을 대상으로 3가지 조건(앉은 자세의 지속, 30분마다 3분간 걷기, 30분마다 3분간 근육에 저항을 가하는 운동)으로 시행. 그 결과, 앉은 자세를 지속한 그룹에 비해 운동한 두 그룹은 모두 혈당, 인슐린, C펩타이드의 증가 영역(iAUC)이 유의미하게 감소한 것이 확인되었다.

① 걸으면 혈당과 혈압이 떨어진다

　장시간 앉은 자세를 가벼운 워킹으로 **20분마다 끊어주는 것만**으로 식후의 혈당치와 인슐린 수치가 큰 폭으로 저하되는 것이 밝혀졌다.

　혈당치뿐만 아니라 **혈압도 내려간다**. 주 150분 걷기를 3개월 계속하는 것만으로 혈압 수치를 떨어트릴 수 있다고 한다.[1]

---

[1] Lee LL, Watson MC, Mulvaney CA, Tsai CC, Lo SF.(2010). "The efect of walking intervention on blood pressure control: a systemat icreview". *Int J Nurs Stud*, 47(12), 1545-61.

논문 제목	유럽인의 전신·복부 비만 정도에 따른 운동과 사망 위험의 관계 Physical activity and all-cause mortality across levels of overall and abdominal adiposity in European men and women: the European Prospective Investigation into Cancer and Nutrition Study(EPIC)
게재 저널	The American Journal of Clinical Nutrition
저자	Ulf Ekelund, Heather A Ward, Teresa Norat 외 다수
게재일	2015년 3월
실험 장소	유럽 10개국
연구 내용	33만 4161명을 대상으로 한 EPIC 연구(유럽에서 진행된 암과 영양에 관한 대규모 조사 연구)로 BMI나 복부 비만과 관계없이 중간 강도의 신체활동이 전체 사망률 저하와 관련 있음을 증명했다. 전혀 운동하지 않는 사람에 비해 조금이나마 운동할 때 사망 위험이 16~30% 감소함을 확인했다.

③ 걸으면 암과 심장병에 걸릴 위험이 낮아진다

매일 걸으면 특정 종류의 암과 심장질환의 위험이 낮아진다는 것도 밝혀졌다.

예를 들어 미국의 한 연구에서는 규칙적인 걷기나 기타 운동이 폐경 후 여성의 유방암 위험을 낮추는 것으로 나타났다. 구체적으로는 주 7시간 이상의 걷기로 유방암에 걸릴 확률이 14% 낮아졌다.

이 연구에서는 또한 전체적인 신체활동— 가령 러닝, 웨이트 트레이닝, 워킹은 각각 관상동맥질환 위험 경감과 관련 있고, 특히 고강도 운동은 위험을 크게 낮추는 것으로 확인됐다.

걷는 속도도 중요한데, 빠른 속도(시속 4.8~6.4km)로 걸으면 총 운동량에 관계없이 관상동맥질환 위험이 낮아지는 것으로 나타났다.

논문 제목	운동과 앉아 있는 시간이 폐경 후 유방암 위험에 미치는 영향 Recreational physical activity and leisure-time sitting in relation to postmenopausal breast cancer risk
게재 저널	Cancer Epidemiology Biomarkers & Prevention
저자	Janet S. Hildebrand, Susan M. Gapstur, Peter T. Campbell, Mia M. Gaudet, Alpa V. Patel
게재일	2013년 10월
실험 장소	미합중국
연구 내용	7만 3615명의 폐경 후 여성을 대상으로 레크리에이션 활동(특히 워킹)과 앉아 있는 시간이 유방암 위험에 미치는 영향을 조사. 가장 활동적인 여성은 가장 활동적이지 않은 여성에 비해 유방암 위험이 25% 낮고, 일주일에 7시간 이상 걷는 여성은 유방암 위험이 14% 낮은 것으로 나타났다.

논문 제목	**남성의 심장병 발생에 관련된 운동의 종류와 강도 연구** Exercise type and intensity in relation to coronary heart disease in men
게재 저널	JAMA(The Journal of the American Medical Association)
저자	Mihaela Tanasescu, Michael F. Leitzmann, Eric B. Rimm, Walter C. Willett, Meir J. Stampfer, Frank B. Hu
게재일	2002년 10월 23일
실험 장소	미국의 Health Professionals' Follow-up Study(의료전문직 추적조사)
연구 내용	1986~1998년까지 4만 4452명의 남성을 대상으로 신체활동의 양, 종류, 강도와 관상동맥질환 위험의 관련성을 조사. 특히 빠르게 걷기(시속 4.8~6.4km)가 효과적이었고, 매일 30분 이상 빠르게 걸으면 심장병 위험이 18% 감소했다. 러닝과 웨이트 트레이닝도 효과적이어서, 관상동맥질환 예방에 종합적인 신체활동이 중요하다는 점이 확인되었다.

④ 걸으면 불면증이 개선되고 스트레스도 줄어든다

걸으면 불면증도 개선된다. 일본의 한 연구에서는 운동 습관이 없는 건강한 직장인들을 대상으로 걷기가 잠들기까지의 시간을 단축하고 총 수면시간을 늘릴 수 있음을 확인했다.

그리고 걷기는 스트레스 호르몬인 코르티솔^{Cortisol}의 혈중 농도를 낮춰 스트레스도 줄여준다. 천천히 걸으면 그만큼 코르티솔이 약간 감소한다. 반면 빨리 걸으면 어느 정도 스트레스가 주어져 코르티솔이 상승하지만, 운동 종료 후 보통 상태로 돌아와 몸이 편안한 상태가 된다. 이처럼 코르티솔 분비를 적당히 자극하면 스트레스 관리와 기분 개선에 도움이 된다.

논문 제목	워킹은 체감되는 수면의 질을 개선하는가? 일본 기업에서의 실천적 연구 Does subjective sleep quality improve by a walking intervention? A real-world study in a Japanese workplace
게재 저널	BMJ Open
저자	Hikaru Hori, Atsuko Ikenouchi Sugita, Reiji Yoshimura, Jun Nakamura
게재일	2016년
실험 장소	일본
연구 내용	4주간의 워킹 도입이 주관적인 수면의 질에 미치는 영향을 검증. 490명의 건강한 직장인들을 대상으로, 운동 습관이 있는 그룹(214명)과 없는 그룹(276명)으로 나누었다. 참가자들은 4주간 매일 1만 보 걷기를 목표로 삼고, 피츠버그 수면 질문표(PSQI)로 수면의 질을 평가했다. 그 결과 전반적 수면 품질 점수, 수면에 드는 시간, 수면 시간, 주관적 수면 품질 및 낮 시간의 기능 저하(졸림, 피로 등) 개선이 나타났으며, 특히 운동 습관이 없던 그룹에서는 이러한 개선이 두드러졌다.

논문 제목	운동과 스트레스 호르몬(코르티솔)의 혈중 농도: 운동의 강도가 영향을 미치기 시작하는 지점 Exercise and circulating Cortisol levels: The intensity threshold effect
게재 저널	European Journal of Applied Physiology
저자	E. E. Hill, E. Zack, C. Battaglini, M. Viru, A. Viru, A. C. Hackney PhD
게재일	2008년 3월 22일
실험 장소	노스캐롤라이나 대학 채플힐, 응용생리학연구소
연구 내용	12명의 남성이 서로 다른 강도(40%, 60%, 80% VO2max)[2]로 30분간 운동해 코르티솔과 ACTH(부신피질자극호르몬)의 변화를 측정. 60%와 80%의 강도에서는 코르티솔이 유의미하게 증가했으나, 40%에서는 감소세를 보였다.

---

2 최대산소섭취량. 운동할 때 몸이 1분 동안 섭취·활용할 수 있는 최대 산소량을 가리키며, 예컨대 '40% VO_2max = 자신의 최대 능력의 40% 강도로 운동한다'는 뜻.—편집자 주

⑤ 걸으면 뇌졸중 위험이 낮아진다

뇌졸중 위험도 낮아진다. 2010년 미국의 연구에서 매일 걷기 등 중간 강도의 신체활동을 하는 여성은 뇌졸중 위험이 감소하는 것을 확인했다.

다른 논문[3]에서는 그보다 더 구체적으로, 하루 20~30분간 빨리 걷기로 인해 뇌졸중 위험이 27% 저하하는 결과가 나타났다.

---

[3] Lee CD, Folsom AR, Blair SN. (2003). "Physical activity and stroke risk: a metaanalysis. *Stroke*, 34(10), 2475-81

논문 제목	여성의 운동과 뇌졸중 위험의 관계 Physical Activity and Risk of Stroke in Women
게재 저널	Stroke
저자	Jacob R. Sattelmair, Tobias Kurth, Julie E. Buring, I-Min Lee
게재일	2010년 6월
실험 장소	미국(Women's Health Study 참가자)
연구 내용	45세 이상의 미국인 여성 3만 9315명을 대상으로 운동 습관과 뇌졸중 위험의 관계를 장기 추적조사. 579명이 추적 기간 도중 뇌졸중에 걸렸고, 중간 강도의 신체활동(예: 매일 걷기)을 습관적으로 하던 그룹에서는 뇌졸중 위험이 유의미하게 감소하는 것으로 밝혀졌다. 고강도 운동도 유익하긴 하지만 적당한 운동도 뇌졸중 위험 감소에 충분한 효과가 있음이 확인됐다.

어떤가.

바이오메카닉스 연구자인 케이티 보먼이 "걷기는 슈퍼푸드다"라고 말한 것처럼[4] 걷기가 건강에 미치는 효과는 이루 말할

---

[4] Brock Armstrong, "'Walking Is a Superfood'-An Interview with Katy Bowman", *Quick and Dirty Tips*.

수 없다. 이 신체활동을 기술 발달과 도시화가 인간에게서 빼앗았고, 인류가 걷는 시대는 점차 과거의 일이 되고 있다.

논문들을 하나하나 샅샅이 읽어가며 내가 느낀 점은 어쩌면 '사람은 걸으면 건강해진다'의 반대였다. '사람은 걷지 않게 되었기 때문에 문제가 발생한다'는 사실이 더 눈에 띄었던 것이다.

나의 장대한 가설은 이렇다. 우리는 오늘날 **도시화라는 인체실험**이 현재진행형으로 벌어지는 시대를 살고 있다. 이 가설로 파악하면 지금의 모든 현상이 순조롭게 이해된다. 즉, 걷기가 '플러스' 해주는 게 아니다. 오히려 인체의 부조화라는 마이너스를 '제로'로 되돌려주는 양상에 가깝다.

앞서 언급한 스웨덴 정신과 의사 안데르스 한센은 이렇게 지적했다.

우리는 더 이상 사냥도 채집도 하지 않는다. 거기에 문제가 있다.
움직임이 적은 현대 생활은 인간 본연의 성질을 망가뜨리고 인류라는 종의 존속을 뿌리부터 위협하고 있다.

애플워치에서 강조된 것

Step 1에서 언급한 실리콘밸리의 '워킹 미팅'을 더 취재하다가 '도시화라는 인체 실험', '걷지 않기 때문에 생긴 새로운 문제'라는 주제와 닿아 있는 흥미로운 에피소드에 도달했다.

앉는 것은 새로운 흡연이다.

(Sitting is the new Smoking.)

이는 애플워치가 처음 공개된 2014년 당시, 애플의 CEO 팀 쿡이 1시간에 한 번 일어나도록 알려주는 신기능 'Stand'를 선보이면서 거듭 말해 유명해진 표현이다(더 정확하게는, "앉는 것은 새로운 암이다"라고도 몇 번 말했다[5]). 그 후 이 말은 전 세계적으

로 무려 4억 번 이상 인용됐다고 한다.[6]

사실 이 말을 처음 만들어낸 이는 팀 쿡이 아니다. 이 문구가 세상에 나온 것은 2013년 공개된 어느 TED 강연 도중이었다.

연사는 닐로퍼 머천트 Nilofer Merchant. 그녀는 어도비 등 IT기업의 전 임원으로, 현재는 비즈니스 리더십과 혁신 분야의 저명한 사상가로 활약하는 인물이다. Thinkers 50(경영계의 위대한 사상가 50인을 선정하는 기관—역주)에서 '미래의 사상가' 수상자로 선정되고, 영국 HR 매거진사에서 'HR 사상가 TOP 10'으로 뽑힌 영향력 있는 컨설턴트이기도 하다.

재미있는 것은 여기서부터다. TED 강연 중 조회수 상위 10%에 해당하는 그녀의 강연 제목이 바로 이것이다.

회의가 있다? 걸읍시다

(Got a meeting? Take a walk)

그 내용은 이렇다.[7] 우리는 하루 평균 9.3시간이나 앉아 있

---

5 Stuart Dredge, (2015, Feb 11), "Tim Cook hails Apple Watch health benefits: 'Sitting is the new cancer'", *The Guardia*.
6 Niilofer Merchant, "About".
7 Jessica Gross, (2013, April 29), "Walking meetings? 5 surprising thinkers who swore by them", TED Blog.

다. 이는 수면하는 7.7시간보다 길다. 그러니 회의실에서 미팅을 할 게 아니라 걸어서 미팅을 해야 한다는 것이다.

핵심 내용을 보다 상세히 소개하자면 다음과 같다. 여기서도 창의성 향상이 지적되고 있다.

① **앉는 자세는 건강의 위험 요인**: 장시간 앉아 있는 자세는 건강을 해칠 위험성이 있다. 심장병, 특정 암, 제2형 당뇨병 등 심각한 건강 문제와 관련되어 있으므로 새로운 '흡연'이나 다름없다.

② **변화의 계기**: 머천트는 워킹 미팅에 초대된 것을 계기로 주로 앉아서 지내던 생활을 바꾸었다. 이 참신한 회의 방식이 그녀에게 큰 영향을 미쳤고, 정기적으로 워킹 미팅을 활용하게 되었다.

③ **건강과 생산성의 통합**: 워킹 미팅이야말로 건강을 유지하면서 동시에 업무 책임을 다할 수 있도록 한다. 건강과 일 중 하나를 선택해야 하는 게 아니다.

④ **창의성과 문제 해결 능력 향상**: 워킹 미팅은 육체적인 건강

을 개선할 뿐만 아니라 전통적인 사무실 환경에서 벗어나 신선한 시각을 얻게 하므로 창의적 사고력과 문제 해결 능력도 향상된다.

이와 관련하여 머천트는 미국 CNN 인터뷰에서 이렇게 말했다.[8]

워킹 미팅 중에는 전자기기가 시야에 들어오지 않습니다. 그 자리에서 벗어나게 하는 유혹 없이 미팅에 집중할 수 있지요.

스마트폰과 태블릿 PC 등 휴대용 전자기기에 방해받지 않는다는 점에서 '함께 걷기'가 대화에 집중하는 데 좋다는 것이다.
이 '함께 걷기'라는 행위에 관해 홍콩 대학이 2020년 흥미로운 연구 성과를 발표했다.[9] 연구에 의하면, 함께 걷는 두 사람은 아무 말 없이도 자연스레 서로의 걸음 속도에 맞춘다고 한다. 이는 같이 걷는 상대에게 좋은 인상을 심어주려는 경향에서 비롯된다.

---

[8] Vanessa Ko, (2013, March 20), "Let's take a walk: A push for meetings on the move", *CNN*.
[9] Miao Cheng, Masaharu Kato, Jeffrey Alen Saunders, Chia-huei Tseng, (2020), "Paired walkers with better first impression synchronize better", *PLOS ONE*, 15(2).

워킹 미팅의 이러한 효과를 아는지 모르는지, 그것을 습관화했던 스티브 잡스 자신이 대화의 집중력을 저해하는 스마트폰이란 물건을 발명해 우리의 라이프 스타일을 단숨에 바꿔버린 장본인이라는 점은 기묘한 모순으로 느껴진다.

'자는 시간'보다 긴 '앉는 시간'

여기서 다시 한 번 닐로퍼 머천트의 프레젠테이션 내용을 살펴보자.

'우리는 하루 평균 9.3시간이나 앉아 있다.'

무심한 듯 써 있지만 사실 놀라운 데이터다. 확실히 그 말대로일지도 모른다. 저 숫자를 심각하게 생각해야 하는 이유는 평균 수면 시간이 7.7시간이기 때문이다. 즉 우리는 깨어 있는 시간(16.3시간)의 60%를 '앉아서' 보낸다.

현대의 신기술과 TV, PC 등의 출현으로 인류는 역사상 그 어느 때보다 앉아 있는 시간이 길어졌다. 컴퓨터 게임도 진득이 앉아서 한다. 놓치기 십상인 지점이지만, 자동차는 물론이고 기차나 버스에 타서 앉았을 때의 이동시간도 앉아 있는 시간에 더해진다.

그리고 앉아 있는 시간은 **도시화가 진행된 고소득 국가일수록 길다**는 것이 밝혀졌다.[10]

하지만 우리 몸은 원래 그렇게 설계되지 않았다.[11] 다시 말해 이토록 장시간 앉아 있기 위한 생물적 진화는 아직 이루어지지 않았다. 생물적 진화는 수천~수백만 년 단위로 일어나므로, 새로운 방향의 진화가 그리 간단히 이루어지길 기대할 수 없다. 실제로, 장시간 앉아 있는 행위는 사망 위험을 높인다.[12]

무엇보다도 충격적인 사실은 장시간 앉은 자세가 지속되면 아무리 운동량을 늘리더라도 사망 위험을 상쇄하기 어렵다는 것이다. 다시 말하지만, '아무리 운동량을 늘리더라도' 말이다.

예를 들어 1시간 넘게 계속 앉아 있으면 지방을 연소시키는 효소 생성이 감소한다. 신진대사가 느려져 체내의 좋은 콜레스

---

10 M. Mclaughlin, A. J. Atkin, L. Starr, et al. (2020). "Worldwide surveillance of selfreported sitting time: a scoping review". *International Journal of Behavioral Nutrition and Physical Activity*, 17(111).
11 Vytas SunSpiral. (2011). "Office Ergonomics: Why Sitting Will Kill You". BeingHuman.
12 Ulf Ekelund, et al. (2016). "Does physical activity attenuate, or even eliminate, the detrimental association of sitting time with mortality? A harmonised meta-analysis of data from more than 1 million men and women". *The Lance*.

테롤 수치에 악영향을 미칠 수 있다. 또 장시간 앉은 자세가 지속되면 심장병 위험이 6%, 제2형 당뇨병이 7%, 그리고 유방암과 대장암 위험이 10% 증가할 수 있음이 확인되었다. 장시간 앉아 있으면 이런 신체 변화를 막을 수 없게 된다.

게다가 미국에서 담배를 피우는 사람은 성인의 약 19.8%(약 4920만 명)[13]인 데 비해 비만인 사람은 그 두 배인 41.9%[14]다. 흡연율이 지난 수십 년 동안 감소해온 반면에 앉아 있는 시간은 눈에 띄게 길어진 것을 생각하면, '앉는 것은 새로운 흡연과 같다'는 비유[15]도 전혀 틀린 말이 아닐지 모른다.[16]

그런 이유로 2014년 애플워치 등장과 더불어 일정 시간마다 일어서는 행동이나 스탠딩 데스크 사용이 드물지 않게 되었다. 나는 애플워치의 스탠드 기능을 계속 무시해왔는데, 지금은 이 기능만으로도 애플워치를 착용할 가치가 있음을 안다.

다만, 서 있는 걸로는 부족하다. 미팅처럼 앉아만 있게 되는 시간일수록 걸어야 한다. 일반적으로 성인이 1시간에 걸을 수

---

[13] U.S. Centers for Disease Control and Prevention. (2024). "Current Cigarette Smoking Among Adults in the United States". Smoking and Tobacco Use.
[14] U.S. Centers for Disease Control and Prevention. (2024). "Adult Obesity Facts". Obesity.
[15] 각주 5와 동일.
[16] E. G. Wilmot, C. L. Edwardson, F. A. Achana, M. J. Davies, T. Gorely, L. J. Gray, K. Khunti, T. Yates & S. J. H. Biddle. (2012). "Sedentary time in adults and the association with diabetes, cardiovascular disease and death: systematic review and meta-analysis". Diabetologia, 55(11), 2895-905

있는 거리는 4~6km, 걸음 수로 6000~7500보다. 1시간짜리 회의 하나라도 워킹 미팅으로 전환해보면 상당한 효과를 실감할 것이다.

창의력 향상이라는 이점도 중요하지만, 그 이상으로 장시간 앉아 있는 도시 생활이 얼마나 비정상적인지 더 널리 알려져도 모자라다. 컨디션이 안 좋다고 호소하는 사람들이 늘면 늘수록 이를 해소하기 위한 워킹 미팅의 도입이 본격적으로 지지 받으리라 예상한다.

호모 세덴타리우스

 10여 년 전, 처음으로 나 자신을 위해 고액의 의자에 돈을 투자했다. 허먼 밀러의 '에어론 체어'를 산 것이다. 직업 특성상 오랜 시간 컴퓨터 앞에 앉아 원고를 쓰기 때문에 허리 건강을 지키기 위한 결정이었다. 이 투자는 아주 성공적이어서, 허리 통증은 사라졌고 에어론 체어는 지금도 변함없이 내 일을 도와주고 있다.

 하지만 인간 공학의 결정체라고도 말할 수 있는 이 의자의 쾌적함은 본질적인 물음을 내게서 멀어지게 했다. 건강을 위한다는 애초의 발상이 틀렸음을 알게 된 것은, 영국의 의사이자 연구자인 제임스 레빈James Levine의 논문을 만났을 때였다.

우리는 의자 중심의 세계를 설계해버렸다. 그건 실수였다.

그의 논문 제목에는 시사하는 바가 많은 조어造語 하나가 들어가 있었다.

'너무 오래 앉아 있기'라는 죽음의 습관: 호모 세덴타리우스는 답을 찾는다

(Lethal Sitting: Homo Sedentarius Seeks Answers)

Sedentary란 '주로 앉아서 하는, 몸을 많이 움직이지 않는'이라는 뜻으로, 이 '호모 세덴타리우스'라는 조어는 현대인의 모습을 실로 절묘하게 표현하고 있다. 세덴타리 라이프 스타일(앉은 자세 중심의 생활양식)을 나타낼 뿐만 아니라 호모 에렉투스(직립한 자)라는 인류 진화의 중요한 단계를 상기시켜, 기껏 획득한 직립 이족보행을 쓰지 않고 계속 앉아 있는 현대인을 비꼬는 것처럼 들리기 때문이다.

또한 수렵채집민에서 정착으로, 그리고 '책상에의 정착'으로 이어진 인류의 행보―어떤 의미로는 퇴화―라는 비유도 중첩되어 있다. 더구나 왜 그렇게 됐을까 하는 원인을 '앉은 채로' 탐구하고 있는 것이 현대이이고 말이다.

산업혁명 이전 인류는 육체를 활발하게 쓰는 농업 종사자가 90%였다. 하루 3시간 정도밖에 앉아 있지 않았다. 그런데 어느 순간 도시 거주자가 된 우리는 하루 10~15시간이나 의자에 묶여 있다. 제임스 레빈에 따르면 그러한 변화는 4세대(산업혁명 이후 약 100여 년)에 걸쳐 번영이라는 달콤한 유혹과 함께 서서히 진행되었다. 도시화, 공장 노동, 오피스 워크, 자동차, 화면 오락물…… 이것들이 조용하고 확실하게 우리의 라이프 스타일을 바꾸어갔다.

그리고 레빈 역시 장시간 앉아 있는 자세가 신체에 끼치는 영향은 담배보다 더 심각할 수 있다고 말한다. 그 해로움은 광범위하여 지금까지 말한 바 있는 비만, 신진대사 이상, 심장병, 암, 정신질환에까지 이른다.

우리는 직립 이족보행을 획득함으로써 해방된 손으로 도구를 발명해 문명을 쌓아 올렸다. 그러나 그렇게 수확한 과실이, 우리를 도리어 의자에 묶어두는 모양새가 된 셈이다.

해결책은 간단하다. 일어서서 걷는 것이다.

건강을 유지하는 습관

호모 세덴타리우스에서 벗어나 건강을 유지하는 방법을 본문에서 소개한 논문들을 토대로 정리했다.

① 앉는 시간을 자주 끊어준다

앉는 시간이 길면 비만, 신진대사 이상, 심장질환 및 암의 위험이 증가하고 정신에도 악영향을 끼친다. 혈당 관리와 근육 건강을 위해서도 1시간마다 혹은 몇 분간 일어나 있거나 스트레칭을 하는 것만으로도 좋다. 나는 미팅 중에 한 번은 일어나도록 하고 있다. 스탠딩 데스크 도입도 하나의 방법일지 모른다. 전철 안에서도 일어서 있자.

② 식후에 걷는다

식후에 15분 정도 천천히 걷는 것만으로 식후 혈당치의 급격한 상승(혈당 스파이크)을 절반으로 억누를 수 있다. 당뇨병 예방에도 효과적이다. '점심이나 저녁을 먹은 후에는 반드시 한 정거장 거리 걷기'와 같은 습관을 들이면 좋다.

③ 일상적인 신체 움직임을 늘린다

비운동성열생산NEAT, Non-Exercise Activity Thermogenesis으로 불리는 일상생활에서의 신체 움직임을 늘리면 좋다. 출퇴근길이나 쇼핑할 때 걷고, 에스컬레이터나 엘리베이터가 아닌 계단을 이용하는 것만으로도 상당히 달라진다.

Step 3
거리

도시화라는 인체실험

아무리 무서운 무기가 많이 있어도,
아무리 불쌍한 로봇들을 많이 부려도,
땅에서 떨어져서는 살 수 없는 거야.

-시타(영화 <천공의 성 라퓨타>)

세계 각국의 걸음 수 랭킹

인간이 걷지 않게 된 지 오래다.

유인원은 하루 3km도 걷지 않는다고 한다. 인류 진화의 역사를 더듬어보면, 인간을 유인원과 구분되게 한 것은 두 발로 똑바로 서서 장거리를 걷는 행동, 즉 직립 이족보행이다. 인류가 사냥으로 먹고살아 가려면 하루 2만 보(약 15km)를 걸어야 했다고 한다. 그러니 마차나 자동차 같은 탈것의 발명 등 인류가 경제적 만족과 쾌락을 추구해온 역사는 '인류가 걷지 않게 된 역사'라고 해도 무방하다.

일본 후생노동성이 권장하는 하루 걸음 수는 8000보. 흔히 '하루 1만 보'가 이상적이라고 하는데, 이는 세계 공통으로 채택된 기준이다. 웨어러블 디바이스 제조회사 핏빗Fitbit에서 나온

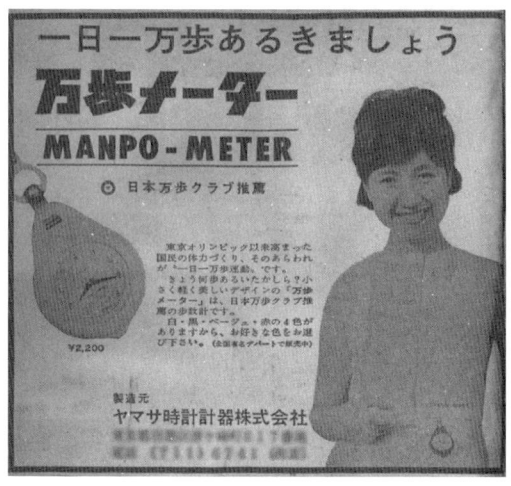

가장 오래된 만보계 광고 (사진: 야마사도케이케이 홈페이지)

스마트워치도 최초 목표로 1만 보가 설정되어 있다.[1]

다만 이 1만 보는 본래 1960년대 일본의 야마사도케이케이山佐時計器라는 회사가 개발한 걸음 측정 기기에서 유래했다. '외우기 쉬워서 잘하면 뜰 것 같다'는 이유로 "만보계萬步計"라고 이름 붙였다고 한다.[2]

그러므로 사실 1만이라는 숫자에는 별로 근거가 없다. 오히

---

[1] Lara Rosenbaum, "Should you realy take 10,000 steps a day?", Google Store.
[2] Daniel E. Lieberman, (2021) "Why Something We Never Evolved to Do Is Healthy and Rewarding", *Pantheon*.

려 하루 기준으로는 너무 많이 걷는다는 견해도 있고, 7500보 정도로 괜찮다는 연구도 있다.[3]

그렇다면 지금을 살아가는 우리는 실제로 하루에 얼마나 걷고 있을까?(아니, 얼마나 '걷지 않게' 되었을까?) Step 3에서는 우리의 현 위치를 내려다보기 위해 '도시와 걷기'에 대해 살펴보고자 한다.

조사된 바가 상당히 많은데, 여기서 다시 등장하는 게 스탠퍼드 대학이다. 그리고 스마트폰도.

스탠퍼드 대학 연구팀은 2017년 전 세계 사람들이 소유하고 있는 스마트폰에서 광범위하고 방대한 자료를 수집해 세계 규모의 신체활동 데이터를 추적했다. 그 수는 무려 111개국, 약 71만 7000명분. 총합계로 6800만일 치라고 하니, 1인당 95일 치 분량을 해석한 것이 된다. 이 정도의 대규모 데이터 세트를 이용한 운동 연구는 그때까지 유례없는 것이었다. 한 연구자에 의하면 과거의 1000배 규모라고 한다.[4]

이 연구는 2017년 과학지 〈Nature〉 온라인판에 발표되었는

---

[3] I-Min Lee, Eric J.Shiroma, Masamitsu Kamada,et al. (2019). "Association of Step Volume and Intensity With All-Cause Mortality in Older Women". JAMA Intern Med. 179(8), 1105-1112

[4] NIH/National Institute of Biomedical Imaging & Bioengineering. (2017). "NIHfunded team uses smartphone data in global study of physical activity".

11개국, 71만 7527명의 6800만일 이상의 활동에 관한 스마트폰 데이터로부터 전 세계 신체 활동의 편차가 밝혀졌다. (출처: T Althoff et al., Stanford University)

데,[5] 거기에는 가장 최신의 평균 하루 걸음 수가 나와 있다. 결론부터 말하자면, 스마트폰 사용자의 세계 평균 걸음 수는 1일 약 5000보다. 일본인은 1일 약 6000보로 4위였다. 세계적으로 보면 일본은 아직 그래도 걷는 편이었다. 반면 미국인은 1일 약 4700보에 불과하다(30위).[6]

수렵채집 시대의 하루 걸음 수가 2만 보였던 것을 고려하면, 그 무렵의 4분의 1 정도밖에 걷지 않는 셈이다. 핏빗 목표치 1만

---

[5] Tim Althoff, Rok Sosič, Jennifer L. Hicks, Abby C. King, Scott L. Delp & Jure Leskovec. (2017). "Large-scale physical activity data reveal worldwide activity inequality". Nature, 547(7663), 336-339.
[6] 한국인은 1일 약 5755보로 8위—편집자 주

상위 5개국·지역

하위 5개국·지역

그림 3. 1일 걸음 수 랭킹

보에는 못 미치더라도, 하루에 이 정도는 걷는 편이 좋다고 하는 평균치 7500보에조차 어느 나라도 도달하지 못했다. 덧붙여 1일 걸음 수 상위 5개국과 하위 5개국은 그림 3과 같다.

홍콩이 걸음 수 1위인 데에는 대중교통이 발달한 것이 크다. 자동차 이용도 드물고, 일상생활에 필요한 이동―예를 들어 통근·통학 또는 쇼핑을 위한 이동―이 주로 걸어서 가능한 거리이기 때문이다.[7]

반면 인도네시아의 경우, 인도가 협소하고 도로 포장이 미흡한 것도 크겠지만 운전사의 매너도 영향을 끼쳤다고 생각한다.

인도네시아 자카르타. 보행자가 오토바이 사이를 헤치며 간다. (사진: Tom Fisk, Pexels)

오토바이가 인도를 침범해 주행하는 것이 일상다반사인 곳이기 때문이다.

즉 보행자에겐 위험한 환경이다. 공기 오염도 심하고 더운 데다 습도 높은 기후에 치안이 나쁘다. 그렇기에 "걷기가 불쾌하고 위험한 액티비티로 간주된다"라고 태국의 영자신문 〈방콕 포스트〉는 이 논문을 언급한 기사에서 지적했다.[8]

---

7 Gavin Neale Blackburn, (2017), "Hong Kong walks to top of Stanford activity rankings, one step at a time", CGTN.
8 Bangkok Post, (2017), "Jakarta, the city where no-one wants to walk".

'활동 격차'라는 신개념

참고로 이 연구의 원래 취지는, 전 세계에서 매년 530만 명(추정)이 운동 부족과 관련된 원인으로 사망하고 있음을[9] 토대로, 비만이 일부 국가에서 왜 다른 나라보다 더 큰 문제가 되고 있는지를 조사하는 것이었다.

그 결론이 또한 실로 흥미롭다. 소득 격차가 아닌 이른바 '**활동 격차** Activity Inequality'가 큰 나라일수록 비만율이 높게 나타났던 것이다.[10]

---

9 I-Min Lee, Eric J Shiroma, Felipe Lobelo, Pekka Puska, Steven N Blair, Peter T Katzmarzyk, et al. (2012). "Efect of physical inactivity on major non-communicable diseases worldwide: an analysis of burden of disease and life expectancy". The Lancet, 380(9838), 219-229.
10 Stanford University. (2017). "Stanford researchers find intriguing clues about obesity by counting steps via smartphones". Stanford Report.

활동 격차란 어떤 국가·지역 사람들의 일상적 걸음 수와 신체 활동량에 큰 차이가 있는 것을 말한다. 즉 여기서는 '많이 걷는 사람과 거의 걷지 않는 사람의 차이가 큰 것'을 가리킨다. 연구자들은 이 현상을 확립된 개념으로 인식시키기 위해 굳이 "활동 격차"라고 이름 붙였다.

이 활동 격차가 적은 나라에서는 걸음 수와 신체활동이 비교적 균일하게 분포하고 있으며 국가 전체적으로 건강한 생활을 하는 경향이 있다. 예를 들어 일본은 활동 격차가 적은 나라에 해당한다. 즉, 매일 장거리를 걷는 일부 사람들이 평균치를 올리고 있는 것이 아니라, 국민 모두가 나름대로 걷고 있다는 것이다. 활동 격차가 큰 나라는 그 반대다. 의식해서 자주 걷는 사람도 일부 있으나 그보다는 활동량이 적은 사람이 더 많다. 따라서 사회 전체의 건강도 나빠지기 쉽다는 결과가 나온다.

예를 들어 미국인과 멕시코인의 경우, 스마트폰으로 계측한 걸음 수로 본 평균 활동량은 동등했다. 그런데 미국인은 멕시코인보다 활동 수준의 분포가 더 넓다. 즉, 자주 걷는 사람과 자주 앉는 사람 사이에 격차가 크고, 이는 미국 전체의 비만 만연율이 높은 것과도 연관된다.

여기서 주목해야 할 점은 '왜 활동 격차가 생기는가', 그 이유다. 놀랍게도 활동 격차가 큰 나라에서는 여성의 활동량이 남성에 비해 현저히 낮은 것으로 나타났다. 예를 들어 사우디아라비아와 미국에서는 여성의 활동량이 남성보다 상당히 낮은데, 활동 격차의 43%가 이 '성별 격차'에 따른 것이었다. 어째서 여성은 걷지 않는 것일까. 의식의 차이일까, 아니면 여성이 자유롭게 걷지 못하는 사회적 배경이 있는 걸까.

  이 점에 대해서는 문제의식을 더욱 넓혀야 한다.

  그리고 활동 격차에 영향을 주는 요인으로 지적되는 또 하나의 중요한 점에 대해서도 그렇다.

  바로 **도시의 걷기 친화성**Walkability이다.

지구상에 가장 걷기 좋은 도시

 실은, 앞선 연구에서 홍콩과 인도네시아가 각각 걸음 수 베스트 1위·워스트 1위였던 것도 이 '도시의 걷기 친화성'이라는 요소가 크게 영향을 주고 있다.

 미국 69개 도시의 데이터에 의하면, 걷기 좋은 도시일수록 활동 격차가 적다. 다시 말해 사람들이 평등하게 걷고 있다. 또 스탠퍼드 연구팀은 걷기 친화성 점수가 낮은 도시에서는 여성의 활동 수준 또한 남성보다 낮다는 것을 발견했다.

 그리고 이러한 '도시의 걷기 친화성'은 대중교통이 충분히 갖추어졌는지, 치안이 좋은지 여부에 따라 좌우된다. 특히 치안이 나쁠 때 여성이 거리를 걷기 쉽지 않다는 점은 "역사적으로도 알 수 있다"라고, 역사가이자 여성 인권 운동가 레베카 솔닛은 저서 『걷기의 인문학Wanderlust: A History of Walking』에서 단언하고 있다.

사실 밖에서 산책하는 일 자체가 과거에는 백인 남성의 특권이었다. 그도 그럴 것이, 흑인 남성이 밖에서 걸으면 체포됐고 여성은 더 위험한 일을 당했다. 그들이 혼자서 안전하게 걸을 수 있는 시대가 드물었다. 그러므로 자주 걸었다고 알려진 과거의 위인들이 백인 남성뿐이었던 것도 이해가 간다.

다시 이야기를 돌려서, A지점부터 B지점까지 이동하는 데 간선도로를 이용해야만 한다면 보행성은 낮아지고 사람들은 차량에 의존할 것이다. 한편 똑같은 이동이 걸어서 가능하다면 당연히 사람들의 보행성은 높아진다.

이는 일본의 거리를 생각하면 더 알기 쉽다. 지역별 걸음 수를 보면, 어느 통계를 봐도 전국 1위인 곳은 도쿄다. 예를 들어 디지털 지도를 다루는 기업 지오테크놀로지스가 도쿄 대학의 히노 키미히로 교수와 함께 2023년에 발표한 걸음 수 데이터에 의하면, 전국 평균은 1일 5009보이고 그중 도쿄는 역시 6136보로 톱이었다.[10] 어디를 가더라도 도보권인 데다 대중교통이 편리하기 때문이다.

한편 나의 고향인 가고시마현을 생각하면 금세 떠오르는 이미지가 조금은 다르다. 그곳은 기본적으로 직장이든 슈퍼든 관공서든 일상생활의 이동에 차가 없어서는 안 되는 전형적인 자동차 사회다. 필연적으로 가고시마현의 걸음 수는 하위일 것이다(발표 데이터는 10위까지만 공표되어 알 수 없지만).

세계적인 기준으로 봤을 때 걷기에 친화적인 거리로 주목받는 곳도 도쿄라는 도시다. 미국 보험사 Compare the Market이 2024년 발표한 '세계에서 가장 걷기 좋은 도시 랭킹'[12]에서 도쿄는 6위에 올랐다.

1	뮌헨(독일)	6	도쿄(일본)
2	밀라노(이탈리아)	7	마드리드(스페인)
3	바르샤바(폴란드)	8	오슬로(노르웨이)
4	헬싱키(핀란드)	9	코펜하겐(덴마크)
5	파리(프랑스)	10	암스테르담(네덜란드)

특히 '워킹 코스의 개수' 항목이 공동 1위로 고평가

그림 4. 세계의 걷기 좋은 도시 랭킹 2024 (출처: Compare the Market)

---

11 지오테크놀로지스 주식회사. 당신은 하루에 전국의 중앙값 5009보다 걷고 있습니까? 도시에서 통근 거리가 긴 사람들은 7449보로 1.5배 걷고 있었습니다. 2023.
12 Hannah Norton. (2024). "The world's most walkable cities". Compare the market.

이는 치안, 대중교통의 편리성 등 여덟 개 항목으로 평가되는데, 도쿄는 아시아 도시들 중 유일하게 TOP 10에 들어가 있다.

  내용을 살펴보면, 도쿄는 특히 '워킹 코스의 개수' 항목의 점수가 공동 1위로 높은 평가를 받았다. 등산객 수 세계 1위로 기네스북에 등재된 다카오산, 그리고 일본에서 가장 많은 거목ᛝ 수를 자랑하는, 내가 좋아하는 오쿠타마산도 매력적인 워킹 코스로 꼽힌다.

워킹 대국의 지금

도쿄에 한정하지 않고도, 역사를 돌아보면 근세 이후의 일본은 지금과는 비교할 수 없을 정도로 많은 서민들이 장거리를 걷는 '워킹 대국'이었다.

신궁 참배, 구마노고도(오사카, 나라, 와카야마, 미에현에 걸친 총 길이 370km에 달하는 순례길로, 산티아고 순례길에 이어 두 번째로 세계문화유산에 등재됨―역주), 시코쿠 오헨로(약 1250년 전 시코쿠에서 태어나 불교를 공부하던 고호대사가 깨달음을 얻기 위해 떠난 길을 따라 만들어진 순례길―역주)와 같이 신앙에 근거한 장거리 도보 순례가 서민들 사이에 깊이 뿌리내리고 있었다. 그뿐만이 아니다. 이치리쓰카―里塚의 예를 보자. 길에 일정 간격으로 설치해 표지로 삼은 '쓰카(작은 흙 둔덕)'를 말하는데, 여기서 '이치리'는

1리(약 4km)다. 걸으면 대략 1시간 정도 걸리는 거리다. Step 1에서 소개한 『山のメディスン(산의 메디슨)』의 저자이자 의사인 이나바 도시로는 "옛사람들은 누구나 걷고 있었기 때문에 '걸어서 8시간 정도의 장소(8리 떨어진 곳)'라고 말하는 등 신체 감각이 지리 인식의 기준이었다"라고 했다.

근세 일본이 이렇게 보행 대국으로 발전한 것은 언제부터일까? 동양 대학의 다니카마 히로노리谷釜尋德 법학 교수에 의하면, 도쿠가와 이에야스가 도쿄·니혼바시를 기점으로 방사형 도시 계획을 세웠고 이때 구축한 고카이도五街道가 그 계기였다고 한다.[13] 도카이도, 나카센도, 코슈가도, 닛코가도, 오슈가도 — 원래는 무사의 참근교대(에도 막부가 지방 권력을 통제하기 위해 실시한 제도로, 다이묘는 1년을 주기로 수도인 에도와 자신의 영지를 번갈아 오가며 생활해야 했음 — 역주)를 원활히 하기 위해 정비된 다섯 개의 도로가 서민의 도보 이동을 떠받치는 사회 인프라로 변모한 것이다.

도로를 따라 발전한 역참마을은 풍부한 여행 문화를 키웠다. 에도시대 사람들은 하루 30~40km(약 8리~10리)를 걸었다고 전해지니 그야말로 무쇠 다리가 아닐 수 없다. 더욱 놀라운

---

13 다니카마 히로노리(谷釜尋德), 『걷는 에도시대의 나그네들 2』, 晃洋書房, 2023.

점은, 1830년 3월 말일부터 6월 20일까지 전국의 약 427만 명이 걸어서 이세 신궁을 방문한 기록이 남아 있다는 것이다. 이는 당시 인구수로 보면 무려 일곱 명 중 한 명에 해당하는 규모다. 참근교대 행렬에서도 말이나 가마를 이용한 이는 다이묘와 고관뿐이며, 수행 무사와 하인 ― 주로 150~300명 정도의 행렬[14] ― 의 대부분이 도보 이동을 기본으로 했다. 그 모습은 수많은 우키요에(에도시대에 성행한 풍속화 ― 역주)에 생생하게 그려져 있다.

다니카마 교수는 에도 시대의 장거리 도보 이동을 "고도로 발달한 문명사회의 상징이었다"고 평가한다. 걷기 여행을 하려

참근교대의 모습 (사진: Wikimedia Commons)

---

14 국토교통성, 국토교통백서(国土交通白書) 2016.

면 여행 안내서에서 정보를 얻거나 도로 분기점에 있는 이정표를 이해하기 위한 '읽고 쓰는 소양'이 필요했기 때문이다.

높은 문해율을 지원하는 교육기관의 발달, 고카이도로 대표되는 교통 인프라 정비와 더불어 여행 경비를 창출하는 서민의 경제력, 화폐경제의 침투, 여행업의 발전 그리고 치안 양호 등 여러 사회적 조건이 성숙했기 때문에 도보 여행이 널리 자리 잡을 수 있었다. 바야흐로 이 시대의 일본은 '걷기 선진국'이었다고 봐도 좋다.

도쿄 메구로구에 남아 있는 당시의 이정표를 보면, 정면에 '오야마도·세타가야도리·타마가와도리', 우측면에 '미니미히로·메구로·이케가미·시나가아루 가는 길', 좌측면에 '아오아마·아사부로 가는 길'이 새겨져 있다.

반면 현대의 일본으로 눈을 돌리면 상황은 다르다. 고도 경제성장기를 맞은 1970년대 이래, 일본은 자동차의 대중화에 따라 걸을 기회를 잃어갔다. 개발과 공업화로부터 자연을 지키는 녹지대의 필요성이 대두되었고, 건강과 인간성 회복을 목표로 전국에서 장거리 자연보도가 정비되었다. 그 총 길이는 2만 8000km에 이른다.

출처: 하이커스디포(Hiker's depot) 「장거리 자연보도 지도 데이터」

최초로 완성된 도카이 자연보도는 도쿄 서쪽의 다카오산에서 오사카 북쪽의 미노오시에 이르기까지, 태평양 벨트지대(태평양 연안의 산업 밀집지—역주) 뒤편의 산간 자연을 길게 잇는 길이다. 우거진 녹음과 귀중한 역사문화재를 만날 수 있는 탐방로로 잘 정비돼 있다. 마치 '도카이도 53차'(에도시대 도쿄와 교토를 잇는 가도의 53개 역참을 그린 우키요에—역주)를 현대로 옮겨놓은 듯한 모습이다.

하지만 그 존재가 하이커 마니아들 사이에서조차 거의 알려지지 않은 실정이다.

수도권 자연보도 전 코스를 답파한 사람들의 데이터(2003년)를 보면, 그 수는 불과 30명이고 평균 연령은 무려 61.6세다. 50세 미만은 없었으며 70세 이상이 여덟 명이다. 유럽과 미국의 경우, 스페인 산티아고 순례길이나 미국 애팔래치아 트레일을 걷는 여행이 젊은이들 사이에서도 근사하고 인기 있는 액티비티로 자리 잡고 있다. 일본에서는 도보 여행이 퇴직 후 여가 활동 정도에 머무르고 있으므로 도쿄가 걷기 좋은 거리 10위권 안에 들었다는 데 안주할 때가 아니다. 과거 '걷기 선진국'으로 뿌리내렸던 문화를 떠올리고 이를 지금 시대에 되살려 나가야 한다.

미국의 애팔래치아 트레일을 참고해 루트를 만들었다는 도카이 자연보도. 도쿄와 오사카라는 대도시를 동서(東西)의 기점으로 삼아 11개 도도부현을 연결했다. 도시의 스프롤화(급격한 도시화가 교외까지 무계획적으로 확산되는 현상)를 막기 위해서였다.

걷지 않는 나라, 미국

그런데 앞에 나온 세계의 걷기 좋은 거리 랭킹 TOP 10 중에 미국 도시는 하나도 없었다. 왜일까?

이에 관해 흥미로운 데이터가 있다. 세계경제포럼WEF에 의하면, 미국의 주요 35개 대도시권에는 도보로 이동할 수 있는 토지 면적 자체가 1.2%에 그친다[15]고 한다.

과연. 이제야 메타가 옥상에 대규모 산책로를 조성한 배경이 더 확실해진다.

미국은 애초에 나라 전체가 '초'자동차 사회이기 때문에 세

---

15 World Economic Forum, (2023), "Why walkable urban areas are America's efficient economic engines".

계적으로 보아도 지극히 걷기 힘든 나라다. 미국의 도시계획가 제프 스펙 Jeff Speck은 저서 『걸어 다닐 수 있는 도시 Walkable City』에서 다음과 같이 지적했다.

> 금세기 중반 이후 의도적인지 우연인지는 몰라도 미국 대부분의 도시가 사실상 보행 제한 구역이 되어버렸다.

한편 놀랍게도 불과 1.2%의 '걸을 수 있는 거리'가 창출하는 GDP는 미국 전체의 20%를 차지하고 있다. 세계경제포럼의 표현을 빌리자면 걷기 좋은 거리야말로 "이코노믹 엔진"인 것이다.

구체적으로 보면 이 1.2%의 지역은 뉴욕, 보스턴, 워싱턴 D.C, 시애틀, 포틀랜드, 샌프란시스코, 시카고, 로스앤젤레스 등 주로 지식경제에 의존한 연안 도시에 집중되어 있다. 즉, 미국 전체적으로 '원활한 자동차 교통'과 '충분한 주차장 확보'를 중시한 결과, 대부분의 도시에서 시내 중심가는 '차로 접근하기 쉽지만 갈 만한 매력은 없는 곳'이 되어버렸다.

반면 밀레니얼 세대를 중심으로 한 크리에이티브 클래스 Creative Class(경제 성장을 이끄는 창의적인 사람들의 집단. 구체적으로 과학자, 엔지니어, 디자이너, 교육자, 아티스트, 엔터테이너 등이 포함됨—역주)인 이들은 '거리의 일상 Street Life'이 있는 지역을 선호한다

미국 도시는 보행 금지 구역이 많다. (사진: BeansandSausages, Pixabay)

는 조사 결과가 있다.[16] 그러나 그 수요에 부응하는 곳은 지극히 한정되어 있어서, 미국의 경우 뉴욕 같은 일부 선진 도시만이 이를 감당하고 있는 구도로 보인다.

예를 들어 뉴욕의 타임스퀘어는 도시 개발이라는 관점에서

---

16 William H. Frey, (2018), "The Millennial Generation: A Demographic Bridge to America's Diverse Future", The Brookings Institution.

실로 배울 점이 많다. 도로 공간의 89%가 차도였으나 실제 교통은 82%가 보행으로 이루어졌기 때문에 2009년에 6개월간 사회 실험이 실시되었고, 영구적인 보행자 우선 거리로 전환이 이뤄지고 있다.[17] 그 결과 보행자 수는 하루 48만 명으로 35% 증가했음에도 보행에 따른 부상자는 35%나 감소했다. 더구나 매출이 급증한 구역도 생겨났다.

미국의 다른 도시들은 어떨까. 앞서 언급한 『걸어 다닐 수 있는 도시』에는 미국 전역이 얼마나 걷기 힘든지 구체적인 사례가 많이 소개된다. 이것은 이것대로 교훈 삼는 재미가 있달까. 거짓말 같은 실화들이 연달아 펼쳐진다.

예를 들어 플로리다 반도 끄트머리에 있는 국제도시 마이애미의 이야기를 보자.

마이애미 주택가를 거닐다 보면 묘한 광경을 만나게 된다. 단층집들이 줄지어 선 주택가 곳곳에 도무지 어울리지 않는 넓디넓은 교차로가 버젓이 자리 잡고 있다. 나도 마이애미 거리를 걸어본 적이 있는데 길을 건너는 데 정말 성가실 만큼 시간이 많이 걸렸다.

문제는 그 이유다. 예전에 소방 조합이 '일정 인원 이상의 소

---

17 국토교통성 도시국·도로국, 스트리트 디자인 가이드 라인(버전 2.0), 2021

방관이 탑승한 소방차가 아니면 출동할 수 없는' 협정을 맺었다고 한다. 그에 맞춰 교차로는 고층 빌딩 화재에 동원될 법한 대형 소방차의 회전반경에 맞춰 설계되어야 했고, 결과적으로 평범한 주택가에 고속도로만 한 거대 교차로가 들어서게 됐다는 것이다. 그런 상황이 꽤 오랜 세월 이어졌다고 하니, 웃지 못할 이야기다.

이 같은 참상은 다른 측면에도 그림자를 드리운다. 기업이 어디에 거점을 둘지 결정할 때 중대한 걸림돌로 작용한다는 점이다.

『걸어 다닐 수 있는 도시』에서는 아웃도어 브랜드 '머렐'과 '파타고니아'의 신발을 만드는 '울버린 월드 와이드Wolverine Worldwide'라는 기업의 흥미로운 사례를 소개한다.

웨스트 미시간 교외에 본사를 둔 울버린 월드 와이드는 직원 유출에 골머리를 앓고 있었다. 『걸어 다닐 수 있는 도시』에 따르면 그 원인은 '거리의 일상'의 결여였다. 이는 새로 부임한 직원의 가족들이 지역사회와 접점을 찾지 못했다는 뜻이다.

아이러니하게도 웨스트 미시간 주민들은 타지 사람을 반기는 개방적 기질로 잘 알려져 있다. 그런데도 이런 상황에 빠진 것은 교류의 장이 '차량으로만 접근할 수 있다'는 치명적인 결함을 안고 있었기 때문이다. 그러면 초대받지 않는 한 교류의 서클을 파고들어갈 여지가 없다.

    기업 유치를 꾀하는 지방자치단체라면 크게 참고해야 할 점이다. 걷는 문화를 키워온 도시에서는 길 위의 우연한 만남이 새로운 친구 관계를 낳는다. 그럴 기회가 곳곳에 있기에 매력적이다. 걷는 속도여야만 거리의 풍경이든 사람이든 눈에 들어온다.

    거리 문화의 매력을 새삼 깨닫게 된 사람들이 '보행자 친화적인 거리'에 모이기 시작했다. 현 시점에서 '**걷기 좋은 거리**'의 **부동산 가치가 오르고 있다**는 사실을 아는 이는 별로 없을 것이다.

걸어 다닐 수 있는 거리의 가치가 오르다

　세계경제포럼의 2019년 보고서에 따르면, 걷기 좋은 도시에 자리한 사무실과 분양 주택의 임대료는 무려 35~45%의 프리미엄이 붙었다고 한다. 심지어 상업용 부동산의 임대료는 75%나 비싸다는 데이터도 있다.

　도시계획 전문가 제프 스펙은 여기에 세 가지 중요한 요인이 있다고 말한다.

　첫째는 특히나 젊고 창의적인 사람들이 매력을 느낀다는 점이다. 둘째는 그러한 도시 지역을 선호하는 주민이 인구 동태의 다수를 차지한다는 점이다. 마지막 셋째는 걸어서 생활할 수 있는 라이프 스타일은 상당한 절약 효과가 있는데 내개는 그렇게 절약된 금액이 현지 소비로 돌아간다는 점이다.

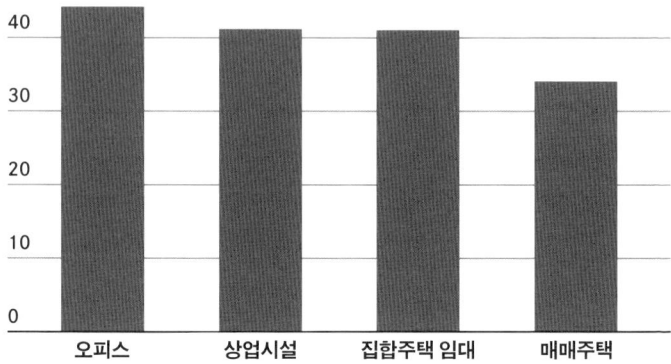

그림 5. 걸어 다닐 수 있는 거리의 부동산 가격 프리미엄(더해진 가치). 사무실, 상업시설(소매점), 집합주택 임대, 매매주택 순으로 가격이 상승하고 있다. (출처: Smart Growth America; Yardi Matrix; REIS Moody's; Rocktop Partners, Foot Traffic Ahead 2023, WEF)

'걷기 좋은 거리'의 수요가 높아지고 있음을 보여주는 것은 부동산 가격 상승만이 아니다. '워크 스코어Walk Score'라고 불리는 지표가 매우 각광을 받고 있다.

이는 2007년 시애틀에 거점을 둔 소프트웨어 컴퍼니가 개발한 툴로서, 특정 주소의 '걷기 친화성'을 0~100의 점수로 평가한다. 평가는 인근 시설과 대중교통, 상업시설, 학교, 공원 등에 대한 접근성을 바탕으로 이뤄진다.

현재 워크 스코어는 도시계획이나 부동산 시장에 없어서는 안 될 지표로 기능하고 있다. 부동산 사업자를 위한 프로페셔널 버전은 물건의 상세한 워크 스코어, 대중교통의 데이터, 이동 시간의 해석 등을 구독 서비스로 제공하고 있으며, 전 세계 3만 개 이상의 부동산 웹사이트가 이를 구독 중이다. 개인 사용자들이 그만큼 거리 위의 일상, 즉 걸어 다닐 수 있는 라이프 스타일을 중시해서 매물을 찾고 있다는 뜻이다.

실제로 워크 스코어 사이트를 방문하여 몇 가지 살펴보자.[18] 예를 들어 걷기 좋다고 알려진 뉴욕의 트라이베카라는 지역이 있다. "Tribeca, New York"을 입력하면 워크 스코어는 무려 99점이다. 그 외에도 자전거 스코어는 90점, 대중교통 스코어는 100점 만점으로 표시된다.

워크 스코어는 50점이 되면 'Car-Dependent(자동차에 의존함)'에서 'Somewhat Walkable(어느 정도 걸어 다닐 만함)'으로 랭킹이 오르고, 70점이 되면 'Very Walkable(매우 걷기 좋음)', 90점 이상이면 'Walker's Paradise(걷는 자를 위한 천국)'을 의미한다고 하니, 트라이베카 지역의 점수가 얼마나 높은지 알 수 있다.

워크 스코어는 아직 미국과 캐나다에서만 지원되고 있는데, 시험 삼아 내가 사는 도쿄 세타가야구의 주소를 입력해보니

---

18 https://www.walkscore.com

기계적으로 스코어가 산출되었다. 워크 스코어 86점. 평가는 Very Walkable이었다. "Shibuya, Tokyo"라고 입력하면 100점, Walker's Paradise다.

내 체감상 점수가 낮을 듯한 지역을 넣으면 얼추 비슷한 평가가 나왔다. 구체적으로 어떻게 계산되는 걸까? 제프 스펙이 설명하길 '일상생활에 필요한 장소와의 근접성'이라는 한 측면으로만 측정되며, 그럼에도 정확도는 높다고 한다.

상세하게 들여다보니 쇼핑, 외식, 카페, 공원, 학교 등 아홉 개의 서로 다른 '어메니티(편의시설) 카테고리'로부터 직선거리로 얼만큼 떨어져 있는지를 따지는 알고리즘이었다.

그러나 현실의 걷기 좋음은 그 거리를 달리는 차량의 속도 같은 요소에도 좌우된다.

얼마 전 나는 롱 트레킹(오래 걷기)을 위해 아이슬란드의 수도 레이캬비크를 방문했는데, 마을을 걷던 중 차량 운전자의 매너가 참 좋고 보행자를 우선하는 모습에 좋은 의미의 충격을 받았다. 처음엔 그저 한 운전자가 친절할 뿐인가 싶었는데 모두 다 그랬다. 아이를 데리고 있었다는 점도 작용했겠지만, 운전자의 마음이 느껴지는 배려만으로 길이 안심하고 걸을 수 있는 거리가 된다는 걸 절감했다. 동시에 도쿄에서는 이런 배려를 바랄 수 없다는 생각에 부러움 섞인 복잡한 기분도 들었다.

아이슬란드의 수도 레이캬비크는 전동 킥보드보다 보행자가 압도적으로 많다.

하지만 정작 아이슬란드 레이캬비크를 입력하면 워크 스코어는 55점에 불과하다. 체감으로는 훨씬 높은 점수를 받아도 좋을 도시인데 말이다.

공급사 측에서는, 다양한 용도가 혼재하는 거리엔 워낙 블록이 자잘하고 차가 천천히 달릴 수밖에 없어서 차량 속도가 반영되지 않는 알고리즘도 문제없다고 여기는 것 같다. 물론 알고리즘 자체의 개선에는 힘쓰고 있는 모양이다.

자동차 VS 보행자

우리는 어릴 때부터 '도로에 뛰어들면 안 된다', '횡단보도를 건너기 전에 좌우를 확인한다' 같은 기본적인 교통 규칙을 배운다. 생명이 달린 일이니 어린아이도 상식으로 알고 있는 내용이다. 하지만 그 상식이 상식으로 자리 잡은 것은 잘 생각해 보면 극히 최근의 일이다.

그리고 이제는 상식도 아니다. 룰이 뒤집힐 만한 사건이 지금, 그것도 미국에서 일어나고 있다는 걸 아는가.

2024년 10월, 미국 뉴욕시가 횡단보도 이외의 도로를 횡단하거나 신호를 무시하고 건너는 것을 합법화했다.[19] 뉴욕시뿐

---

19 THE NEW YORK CITY COUNCIL, (2024), Pedestrian crossing guidelines and right of way.

만 아니다. 콜로라도주 덴버시, 미주리주 캔자스시티, 캘리포니아주, 네바다주, 버지니아주에 이르기까지 다른 주와 도시도 이미 신호 위반 보행을 합법화하고 있다. 많은 미국인이 신호를 무시하고 다니는 게 실상이라, 법을 실태에 맞춘 셈이다.

그렇다면 왜 보행자는 신호를 무시하는 것일까.

단순하다. 신호등과 횡단보도가 턱없이 멀거나 목적지까지 가려면 횡단보도가 아닌 곳에서 건너는 편이 빠르기 때문이다. 그만큼 우리 사회의 거리가 차에만 최적화되어 있다는 얘기다.

이러한 '**자동차 vs 보행자**'라는 20세기 이후의 공방에는 복잡한 역사가 얽혀 있다.

지금은 상상도 할 수 없지만, 20세기 초 도시의 도로는 결코 자동차만을 위한 것이 아니었다. 걷는 사람, 물건 파는 사람, 마차, 뛰노는 아이들을 위한 공공 공간이었다.

그런데 자동차의 보급과 함께 교통사고가 급증했다. 1920년 미국에서는 자동차 사고로 인한 사망자 수가 1만 명을 넘어섰다. 당시 미국 〈뉴욕 타임스〉 표지에는 사신死神이 모는 살인 기계로 묘사된 자동차 일러스트가 대대적으로 실렸다.

그런데 이랬던 가치관이 변화하기 시작한다. 버지니아 대학의 기술공학 교수 피터 노턴에 따르면, 그 시점은 도로를 운전에 편한 공간으로 만들기 위해 자동차 업계가 캠페인을 벌이면

1910년의 뉴욕 월가 (사진: Library of Congress Prints and Photographs Division)

서부터라고 한다.[20] 법과 규범이 그들의 의도대로 점차 바뀌어 갔다.

1920년대 이후 자동차 업계는 '**제이워킹**Jaywalking(무단횡단)'이

---

20 Sarah Goodyear, (2012), "The Invention of Jaywalking The forgotten history of how the auto industry won the right of way for cars".*Bloomberg*.

라는 개념을 만들어내, 횡단보도가 아닌 도로를 건너는 보행자를 비난하는 풍조를 조성했다. '제이^{Jay}'란 도시의 규칙을 모르는 '촌뜨기'라는 뜻이다. 즉 횡단보도를 건너야 한다는 개념은 자동차 업계가 만들어낸 또 하나의 '발명'이었다.[21] — 그리고 그 사실이 오랫동안 잊혔던 셈이다.

그런데 최근 들어 지난 100년 동안의 과정을 되돌리는 듯한 양상이 전개됐다. 보행자가 권리를 되찾고 있는 이 흐름에는, 2020년 미국 전역에 퍼진 'Black Lives Matter'(흑인의 생명도 소중하다는 뜻으로, 2012년 미국에서 흑인 청소년을 죽인 백인 방범요원이 이듬해 무죄 평결을 받고 풀려나면서 시작된 흑인 인권 운동—역주)가 방아쇠가 되었다고 생각한다. 신호 위반으로 경찰에게 단속받던 보행자 대부분이 흑인과 라틴계 등 유색인종이었기 때문이다.[22]

뉴욕보다 한 발 앞서 보행자의 신호 위반을 합법화한 캔자스시티의 정책 디렉터 마이클 켈리는, 보행자 친화적이지 않은 거리 자체가 문제이며 차도를 건너지 않을 수 없는데 보행을

---

[21] Peter Norton, (2007), "Street Rivals: Jaywalking and the Invention of the Motor Age Street", Technology and Culture.
[22] Philip Marcelo /AP, (2024), "'I'm Walking Here!': Jaywalking Is Now Legal In New York City", *HUFFPOST*.

단속하는 것은 이치에 맞지 않는다고 지적한다.[23]

도로 횡단이 규칙 위반(제이워킹)이라는 말은, 걷지 못하게 만들어진 공간을 걷는 사람들을 통제하고 벌 주려는 것입니다.

소수인종 차별에 대한 반발이라는 요소도 더해져 보행자의 안전 그리고 걷는 일 자체가 재평가되었고, '보행자 우선 도시'를 목표로 하는 움직임이 세계에 큰 물결을 일으켰다. 동시에 우리에게는 '현대의 신新테크놀로지'를 다룰 수 있는 지혜와 선택이 요구되고 있다. 바로 **자율주행 기술**이다.

뉴욕시가 보행자의 신호 위반을 합법화하겠다는 혁신적인 발걸음을 뗀 바로 그 시기, 미국 서해안에서는 매번 떠들썩한 소동을 일으키는 천재가 무대 위에 모습을 드러냈다. 일론 머스크Elon Musk다.

미래 배경의 영화를 다수 제작한 워너브러더스 스튜디오에서 테슬라 발표 행사 'We, Robot(우리, 로봇)'이 열렸다. 완전 자율주행 로보택시 '사이버캡'을 타고 무대에 도착한 머스크는, 2026년까지 미국 텍사스와 캘리포니아에 로보택시를 투입하

---

23 Angie Schmitt, (2022), "The Progress of Jaywalking Reform", AMERICA WALKS.

겠다고 드높게 선언했다.

사이버캡은 3만 달러(약 4천만 원) 이하라는 파격적인 가격을 설정해 생산 개시될 예정이라 했고, 20인승 로보밴이라는 야심적인 콘셉트 카도 선을 보였다. 하지만 로보택시의 자세한 내용 이상으로 나의 눈길을 끈 것은, 그가 그려낸 '미래 도시'의 청사진이었다.[24]

정말 흥분되는 점은 이 기술이 '우리가 사는 도시에 어떤 영향을 미칠까' 하는 것입니다.

테슬라가 선보인 미래 도시와 녹지 (사진: YouTube)

24 Tesla. (2024, Oct 11). "We, Robot: Tesla Cybercab Unveil". YouTube.

차로 거리를 달리다 보면 곳곳에 있는 주차장을 보게 됩니다. 자율주행 세계에서는 주차장(Parking lots)을 공원(Parks)으로 바꿀 수 있습니다. 즉, Parking lots에서 '-ing lot'을 제거하는 겁니다. 우리가 사는 도시에 녹지를 만들 크나큰 기회입니다. 정말 멋진 일 아닌가요!

현대사회에는 15억 대 넘는 자동차가 존재하지만[25] 가동률은 5%에 불과하다고 한다. 안 쓰고 놀리는 유휴遊休 자산이 도시라는 귀중한 공간의 시간 대부분을 점거하고 있다는 뜻이다.

머스크의 말대로 로보택시가 보급되면 차량 가동률은 향상되고 유휴 시간과 도시의 주차장 수요도 감소해 도시 공간 활용이 크게 달라질 수 있다.

교토 대학 연구팀의 시뮬레이션에서는, 자율주행 택시가 보급되면 필요한 전체 자동차 수가 84%나 줄어들고 주차장 면적도 71% 줄어든다는 결과가 나타났다.[26]

머스크의 프레젠테이션에 대해 주식시장은 "구체성도, 기술적인 디테일도 부족하다"며 반응이 싸늘했으나 그의 호언장담

---

[25] 일본자동차공업회. 세계생산·판매·보유·보급률·수출.
[26] 마쓰나카 료지(松中亮治), 오바 테쓰지(大庭哲治), 스미카와 슌타(住川俊多), 도시 내 교통 시뮬레이션을 이용한 공유형 완전 자율주행 차량의 보급에 의한 사회적 편익에 관한 연구, 도시계획 논문집, 2020.

은 하루이틀 일이 아니다. 더구나 머스크가 진정으로 평가받아야 할 지점은 테슬라 자체를 성공시켰다는 데 있지 않다.

간과하기 쉽지만 중요한 점은 그가 전통적인 자동차 기업, 즉 미국의 포드, 독일의 다임러, 일본의 토요타를 비롯한 전 세계 거대 제조사들의 의식과 행동을 바꿔왔다는 틀림없는 사실이다.

과거 테슬라에서 머스크의 오른팔 역할을 했던 인물은 내게 이렇게 말한 적이 있다.

"일론은 테슬라 차가 몇 대 팔리고 점유율을 얼마나 가져가느냐에 사실 전혀 관심이 없어요. 그의 가장 큰 관심은 오직 이 세상의 화석연료 차량을 얼마나 줄일 것이냐입니다. 포드, 다임러(현 메르세데스 벤츠), 도요타의 화석연료 점유율을 줄여 어느 정도 세상이 바뀌면, 테슬라의 사명은 그때 다하게 된다는 생각입니다."

그 말대로 미래 도시 실현이 머스크의 최대 관심사라면 실현하는 주체는 꼭 테슬라가 아니어도 될지 모른다. 물론 세상의 판을 뒤집어가는 과정에서 테슬라 자신도 한 축을 담당할 것이고 그에 걸맞은 계획도 가지고 있겠지만, 이미 자율주행 택시 개발 경쟁은 구글 '웨이모^{WAYMO}'와 아마존 '죽스^{ZOOX}' 같은 빅테크끼리 치열한 경쟁을 벌이고 있다는 게 주지의 사실이다.

즉 테슬라 자체가 자율주행 택시로 성공할지 여부는 초점이 아니다. 진정으로 물어야 할 것은 자율주행이라는 기술을 통해 이상 도시를 실현할 수 있는가이다. 머스크는 다시금 세계에 그 길을 제시하려 하고 있는 게 아닐까.

우리가 자율주행이라는 테크놀로지에 매력을 느끼는 이유는 분명하다. 일론 머스크가 미래 도시의 모습을 떠올리고 그로부터 역산하여 제시한 비전이, 100년의 세월에 걸쳐 잃어버린 '사람이 걷기 좋은 도시'를 되찾을 열쇠가 될지도 모른다는, 희망 때문이다.

메트로 사피엔스

새 시대가 도래한 것은 2008년이었다.

인류 역사상 처음으로 도시에 사는 세계 인구가 과반수를 차지했다. 이 분기점은 인류학자들 사이에서 이미 공통된 인식이 되었으며, 앞으로 도시 거주자는 34억 명에서 2050년경 63억 명으로 두 배 가까이 늘어날 것으로 예측된다.

미국 저널리스트 플로렌스 윌리엄스는 "인류는 중요한 결단을 내렸고, 선을 넘었다"라며 여기에 경종을 울리고 있다.[27] 또 다른 인류학자는 이 시점 이후의 현대인을 "메트로(도시) 사피엔스"라고 명명했다.[27]

---

27 플로렌스 윌리엄스, 『자연이 마음을 살린다(The NATURE FIX)』, 더퀘스트, 2018.

세계보건기구[WHO]의 보고서에 의하면 전 세계 성인 네 명 중 한 명(27.5%)인 약 14억 명이 권장 수준에 미치지 못하는 '신체활동 부족'에 빠져 있다.[29] 그것이 현대라는 시대다. 청소년 (11~17세)의 경우 81%가 신체활동 부족이라고 한다. 이 같은 현상의 주요 요인 가운데 하나로 도시화가 지목된다.

"메트로 사피엔스"란 말의 의미를 풀자면 이렇다. 보행에서 자동차로 이동 수단이 변화하고, 이를 전제로 설계된 공간에 거주하고(즉 안전한 보행 공간은 부족하고), 대기오염과 이상기후로 야외 활동이 제한되고, 장시간 앉아 있는 라이프 스타일이 주류를 이루게 되었다. 최신 조사에 따르면 세계 평균 스크린 타임(스마트폰, 태블릿, TV, PC 등 화면을 보는 시간)은 하루에 6시간 35분에 달한다.[30] 특히 TV와 PC를 보는 시간엔 거의 앉아만 있다.

확실히 도시는 모든 게 효율적이다. 그래서 동시에, 일부러 의식하지 않으면 걷지 않게 된다. 이 책을 쓰면서 배달 앱으로 점심을 때운 나도 포함해서 말이다.

초과밀 국가 싱가포르의 영장류 학자 마이클 거머트[Michael D.]

---

28 Jason Vargo. (2014). "Metro sapiens: an urban species". *Journal of Environmental Studies and Sciences*, 4, 360-363.
29 WHO. (2022). Global Status Report on Physical Activity.
30 Banklingko Team. (2024). "Revealing Average Screen Time Statistics". Banklingko.

Gumert가 그야말로 딱 잘라 지적하고 있다. 그는 자국 싱가포르에 대해 나라 전체가 인체실험을 하고 있는 것이라 말한다.[31]

"자각하지 못한 채 인간을 가축화하고 있다"고.

'가축화'가 무슨 말일까. 식량의 공급을 누군가에게 의존한다는 뜻이다. 주변에 잠재한 생명의 위협으로부터 보호받는다기보다, 신변의 안전을 의식하는 본능 자체를 잊게 된 상태다. 또한 설계된 공간의 규칙에 순종한다는 뜻이다. 자유와 맞바꾸어서 말이다.

걷기라는 관점에서는, 자동차를 중심으로 설계된 도시에서 걸어도 되는 길조차 제한받고 있으며 더 나아가 보행자 즉 인간 자체가 냉대받고 있다고 말할 수 있다.

SF 작품의 거장 레이 브래드버리는 인류를 기다리는 이러한 미래를 미리 내다봤는지도 모르겠다. 그는 책 소지가 금지된 디스토피아를 그린 소설 『화씨 451 Fahrenheit 451』로 널리 알려졌지만, 실은 「보행자 The Pedestrian」라는 단편의 이야기를 통해 세상에 조용히 질문하고 있었다.

때는 거리를 걷는 인간이 누구 하나 존재하지 않는 2053년. 모두 TV를 즐기는 시간에 주인공 레너드 미드의 즐거움은 산

---

31 각주 27과 동일.

책하는 것이다. 그런데 로봇 경관이 그를 불러 세워 직업을 묻는다. "작가"라고 말하지만 경관은 이해하지 못한다. 그리고 "그냥 걷고 있었다"라고 대답한 순간, 미드는 정신 이상으로 의심받아 연구소로 끌려간다.

섬뜩하면서도 마냥 비현실적이라고 웃어넘길 수 없는 미래 풍경이다.

Step 4
발

두 발로 걷는다는 기적

인간은 유일하고 완전하게
두 발로 걷는 원숭이다.
—찰스 다윈(생물학자·지질학자)

걷기의 메커니즘

 2024년 6월 1일자 니혼게이자이 신문의 「나의 이력서」라는 칼럼에 게재된 노벨 생리학·의학상 수상자 혼조 다스쿠本庶佑 교토 대학 교수의 글에 흥미로운 내용이 있었다.

 혼조 교수는 2022년 교통사고를 당한 이후 왼손과 왼발이 불편해 휠체어 생활을 하고 있다. 재활에 힘쓴 근 2년 반 동안 츠쿠바 대학의 산카이 요시유키 교수가 제작한 로봇 슈트 'HAL'을 입고 걷는 훈련을 했다고 한다. 눈에 띄는 것은 "뇌가 엄청나게 피곤하다"라는 구절이다. 발을 움직일 때의 방대한 정보를 처리하느라 뇌가 쫓기고 있는 감각이라고.

 미국 하버드 대학의 인류학자 대니얼 리버먼Daniel E. Lieberman은 저서 『운동하는 사피엔스Exercised』에서 이 같은 혼조 교수의 경험과 부합하는 지적을 하고 있다.

> 아무 생각 없이 걸을 수 있다는 것은, 대단한 신경계가 이루어낸 경이로운 기술이다.
> 안타까운 사고나 뇌졸중을 겪지 않는 한 이런 패턴화된 동작과 반사에 대해 의식할 일은 없다.

그럼, 이 '걷기'라는 얼핏 단순한 행위의 이면에는 도대체 어떤 메커니즘이 작용하고 있을까?

물음을 파고들어 가면 '인간은 왜 직립 이족보행을 선택했는가'라는 심연의 수수께끼에 도달한다. 그리고 이는 도시화라는 인체실험과 떼려야 뗄 수 없는 관계에 있다. 인간이 걷지 않게 된 현상의 본질적인 문제를 이해하려면, 오랜 역사의 흐름 속에서 보행이라는 행위를 바라봐야 하기 때문이다.

대니얼 리버먼은 『운동하는 사피엔스』에서 인간의 보행 메커니즘에 대해 상세하고 전문적인 해설을 해주고 있는데, 요약하자면 이렇다.

한쪽 발이 지면을 디딜 때 몸을 조금 들어 올림으로써 에너지가 저장된다. 이것이 '위치 에너지'다. 그다음, 몸이 앞으로 나아갈 때 이 위치 에너지가 '운동 에너지'로 변환되어 부드러운 전진을 가능하게 한다.

즉, 중심을 조금 들어 올릴 때 사용한 에너지의 일부가 전진을 위한 에너지로 회수되고 있다는 것이다. 이 '에너지 교환 시스템'에 의하여 우리는 불필요한 힘을 쓰지 않고 효율적으로 걸을 수 있다.

이 구조는 '거꾸로 된 진자(역진자)'를 떠올리면 이해하기 쉽다.

바닥에 고정된 지점이 발, 진자의 막대가 다리, 추는 인간의 중심에 해당한다. 중심을 들어 올렸을 때의 에너지는 위치 에너지로 저장되어, 무게를 약간 앞쪽으로 기울이기만 해도 신체 중심이 중력과 함께 회전하면서 앞으로 나아간다.

인간의 보행이 놀라운 기술이라는 이유는 바로 이 에너지 전환에 의한 효율성의 절묘함에 있다.

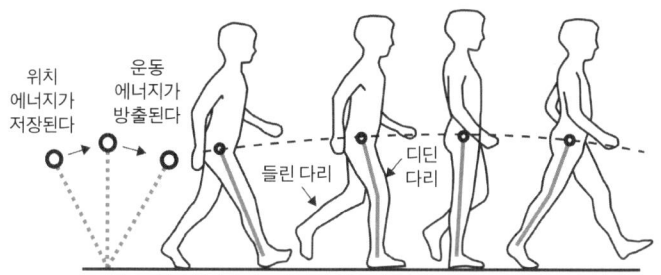

보행의 메커니즘 (출처: 『운동하는 사피엔스』 (대니얼 E. 리버먼))

그러나 이러한 보행 메커니즘이 달성하고자 하는 목적은 효율적인 이동만이 아니다. 또 다른 목적은 '넘어지지 않게 하는 것'이라고 리버먼은 지적한다. 평탄하게 다져진 아스팔트만 걷는 우리로서는 그다지 감이 오지 않지만, 두 발로 걷는 우리 인간은 원래 네발로 걷는 개나 고양이보다 옆으로 쓰러지기 쉬운 불안정한 동물이다.

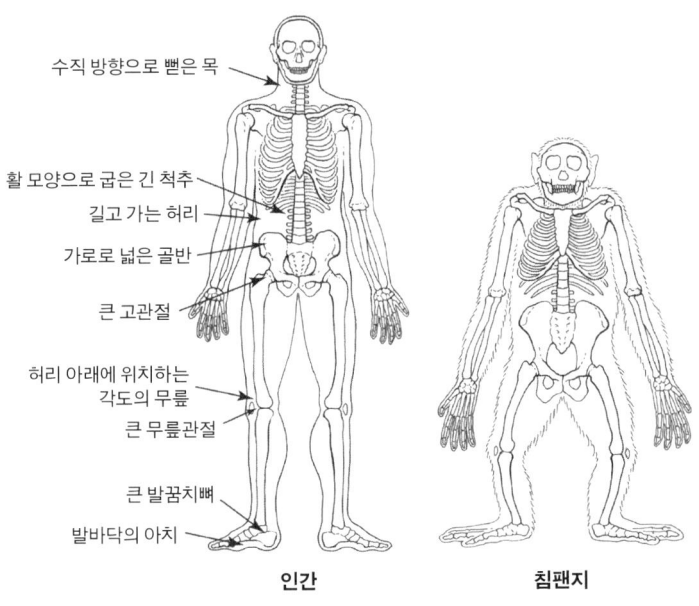

침팬지에게는 없는, 인간의 이족보행을 위한 적응 (출처: 『운동하는 사피엔스』 (대니얼 E. 리버먼))

그래서 인간의 골반 모양은, 두 발로 걸어도 옆으로 넘어지지 않도록 가로 폭이 넓게 형성되는 자연선택$^{Natural\ Selection}$을 해왔다. 골반뿐만이 아니다. 근육이 허리의 측면으로 뻗어 있어 한쪽 발만 지면을 딛고 있을 때도 그 근육이 수축돼 쓰러지는 것을 막도록 진화했다.

그 밖에 길고 독특하게 굽은 허리(이른바 S자 곡선), 커다란 발꿈치뼈, 발바닥의 아치 모양 장심掌心(발바닥 한가운데), 전방으로 향해 있는 엄지발가락, 안정성 높은 발목, 긴 다리, 강화된 무릎, 안쪽으로 기울어진 허벅지, 큰 고관절 그리고 수직으로 뻗은 목. 이것들은 침팬지에게서는 볼 수 없는 인간 고유의 특징이자 효율적인 이족보행을 위한 적응이었다. 걷기라는 행위 이면에는 이러한 진화의 기적이 복잡하게 얽혀 조용하고 효율적으로 작동하고 있는 것이다.

걸어서 살이 빠지면 곤란하다

침팬지는 걷는 데 인간의 두 배나 되는 에너지를 소비한다고 한다.[1] 그래서 장거리를 걸을 수 없다. 뒤집어 생각하면 인간이 얼마나 효율적인 장거리 보행자로 진화해왔는가를 알 수 있다. 우리 조상들은 먹을 것을 찾아 숲에서 숲으로 거의 한순간도 쉬지 않고 걸어 다녔을 것이다.

여기서 뜻밖의 사실이 도출된다. 만약 당신이 다이어트를 위해 걸으려 한다면, 그 결과가 기대에 못 미치리란 사실이다.

그도 그럴 것이 인류학 관점에서 볼 때 인간은 그저 걷기만

---

[1] Herman Pontzer, David A. Raichlen, Peter S. Rodman, (2014), "Bipedal and quadrupedal locomotion in chimpanzees", *Journal of Human Evolution 66*,

했는데 쉽게 살이 빠지면 곤란하다. 먹을 것을 위해 오래 걸어야 했던 만큼, 걷기만으로는 그리 간단히 에너지가 소비되지 않도록 진화했기 때문이다.

그렇다. 건강이나 운동을 위해서가 아니라 그저 살기 위해 걸었다. 예를 들어 미국 다트머스 대학의 인류학자 제레미 드실바는 "걷는다고 살이 빠지는 것은 아니다"라고 저서 『퍼스트 스텝』에서 단언한다. 더 흥미로운 것은 대니얼 리버먼의 지적이다. 그는 저서 『운동하는 사피엔스』에서 '걷기로 살이 빠진다, 안 빠진다는 논쟁'을 둘러싼 다양한 연구를 소개하고 있다.

그중에서도 뜻밖이었던 것은, 464명의 여성으로 하여금 평소 생활에 걷는 시간을 두게 한 실험의 결과다. 매일 140분(약 8km) 걸은 사람의 체중은 반년 후 2.5kg밖에 줄지 않았고, 210분 걸은 사람은 더 적은 1.5kg가 감소했다.

이유는 간단하다. 식사량이 늘었기 때문이다.

인체는 에너지 밸런스가 마이너스가 되면 기아 반응 Starvation Response이 일어나 균형을 되찾으려 한다. 에너지의 섭취보다 소비가 많아질 경우 강한 배고픔이 음식을 찾게 만드는 것이다. 이때 우리가 보이는 수렵채집 시대와의 커다란 차이는, 너무도 손쉽게 에너지를 보충해버릴 수 있다는 데 있다.

리버먼에 따르면, 현대 비만의 주된 원인은 운동 부족 이상으로 '식습관'에 있다는 것이 많은 전문가의 일치된 견해다. 현대인은 걷지 않아서 각종 비만 문제를 부를 뿐만 아니라 '너무 많이 먹으면서 심지어 걷지 않는다'는 것이다.

수렵채집 시대의 하루

나는 이것을 몸으로 이해해보고 싶어서 사냥 전문가를 만나보았다. '이것'이란 수렵채집 시대의 보행을 말한다.

농업혁명은 사상 최대의 사기였다.

(The Agricultural Revolution was history's biggest fraud.)

역사학자 유발 하라리^{Yuval Harari}는 일찍이 세계적 베스트셀러 『사피엔스^{Sapiens}』에서 이렇게 단언했다. 우리 인류는 거의 전 역사를 통틀어 수렵채집민이었고 우리의 풍부한 세계가 뒤틀리기 시작한 근본적인 시작점이 다름 아닌 농업혁명이었다는 것이다.

농업혁명은 인구 폭발 즉 종種의 개체수를 늘리는 면에서는 성공이었지만, 기업의 경제적 성공이 직원의 행복도와 일치하지 않는 것처럼 개개인의 생활에 반드시 이롭지만은 않았다. 하라리에 의하면 수렵채집 시대에 인간은 훨씬 자극적이고 다채로운 시간을 보냈다. 굶주림과 질병의 위험조차 더 적었다.

내가 찾아간 사냥 전문가 나리타 겐지成田賢二는 평소 소방대원이 감당하기 힘든 산악 구조나 조난자 수색에 종사하는, 산악에서의 특수작업 경험이 풍부한 베테랑이다. 물론 엽총을 이용한 사냥에도 그렇다. 그에게 '걷기'라는 측면에서 수렵채집 시대의 하루를 간접 체험하고 싶다고 진지하게 설명하자 공감과 흥미를 표해주었다.

그는 장마철 강줄기를 거슬러 올라가면서 수렵채집을 최대한 재현할 수 있는 계획을 건넸다. 이 계절에 사냥(수렵)으로 동물성 단백질을 얻으려면 주로 사슴, 멧돼지 같은 짐승이 아닌 곤들매기 같은 계류어를 쫓는 모양이다. 채집의 경우 나무 열매나 버섯보다 산나물을 채취할 수 있는 시기이다.

그에게 추천받은 장소는 국내 모처라고밖엔 할 수 없다. 사람들이 몰려들어 남획해버리면 난처하기 때문이다. 다만 도쿄 중심에서 한참 떨어져 있는 곳이고, 자리도 한곳에 고정된 게 아니라 계절과 동식물의 생태에 따라 북쪽이나 남쪽으로 옮겨

간다고 한다. 물론, 과거에는 전부 걸어서 갔을 것이다.

발을 떼는 순간 깨닫게 된 사실은, 등산과 달리 목적지란 게 존재하지 않는다는 점이었다. 오늘 끼니를 얻을 때까지는 무작정 계속 걸어야 한다.

"목적에 얽매여 있는 것은 현대인뿐이에요."

나리타가 담담히 일러주었다.

"그저 걷고 먹을 것이 있고 한가로이 보낼 수 있으면 그걸로 충분해요."

게다가 매번 발 디딜 곳을 골라야 하는 점도 현대의 보행과는 사정이 달랐다. 평소에는 아스팔트든 계단이든 딱히 신경 쓰지 않고 걸었는데, 그렇게 '발판'에 대한 의식을 잊어버리게 만든 것이 도시임을 통감했다.

시냇물 속에는 급한 물살에 가려 눈에 보이지 않는 커다란 바위들이 여기저기 숨어 있었다. 전날 내린 비로 물이 불어난 탓도 있었을 것이다. 한 걸음 한 걸음 온 신경을 쏟아 발 디딜 곳을 골라가며 걸은 끝에 2만 보가 채워졌다.

도시가 주의를 빼앗아온 것은 이뿐만이 아니었다.

넘어지지 않도록 끊임없이 조심하며 걸어야 했던 점도 평소와 크게 달랐다. 그제야 비로소 대니얼 리버먼이 보행 메커니즘의 목적 중 하나가 '넘어지지 않게 하는 것'이라고 지적한 의미를 육체로 실감할 수 있었다.

곤들매기를 찾아 상류로 걸어가는 나리타와 떨어지지 않기 위해 필사적으로 뒤쫓았다. '방금 전만 해도 물고기를 잡겠다고 하지 않았어?' 이렇게 투덜대고 싶은 마음을 꾹 눌러 참는다. 저기에 산나물이 있을 것 같다 싶으면 곧바로 진로를 바꿔버리는 나리타의 재빠른 행동에 몸도, 뇌도 간신히 따라가는 형편이다.

동시에 먹을 수 있는 산나물―큰비비추, 땅두릅, 머위 등―

야영지. 하룻밤 쓸 장작을 모으는 것도 상당한 중노동이었다.

의 생김새를 외워야 한다. 큰비비추와 생김새가 흡사한 독초도 있다. 게다가 어느 부분을 먹을 수 있는지 혹은 얼마나 자란 게 맛있는지를 그 자리에서 필사적으로, 빠르게, 몸으로 흡수해가야 했다.

전기조차 통하지 않는 깊숙한 숲속이다. 날이 어두워지기 전에 수확물을 야영지로 가지고 돌아가 잡은 생선을 손질하고 요리까지 마쳐야 한다.

'하루 2만 보'를 사전에 막연히 상상해보긴 했지만, 실제는 현대의 아스팔트에서 걷는 1만 보의 두 배라고 말할 수준이 아니었다.

"걷기 위해 걷는 2만 보가 아닙니다. 먹을 것을 찾아 헤매고 잡으러 다니며 걸은 결과가 2만 보입니다."

산행에는 그럭저럭 익숙하다고 생각했지만, 길조차 없는 곳—등산로 같은 것은 애초에 없다—을 2만 보 걷는 일의 장렬함은 상상을 아득히 초월했고, 만약 인체가 이 정도만으로 살이 빠지도록 설계되어 있다면 정말 곤란하겠다 싶을 만큼 손에 넣은 식량은 한 줌에 불과했다.

그렇게 나는 인류가 집단으로서 이미 오래전에 잃어버린 기억의 한 조각을 엿보는 동시에, 과거에 '걷는다'라는 행위가 지녔던 의미를 온몸으로 되새기게 되었다.

발은 정밀기기

초점을 '발'로 돌려보자.

부검의이기도 했던 천재 레오나르도 다빈치가 인체에서 가장 주목한 것은 발의 구조였다.

발은 인체공학상 최고의 걸작이자 예술 작품이다.

그도 그럴 것이 발뼈의 개수는 좌우 합해 무려 56개. 전신의 뼈 개수가 206개니까 그 4분의 1이 발뼈라는 계산이다. 뼈의 개수가 많은 만큼 관절과 근육의 수도 그만큼 많다. 다시 말해 발은 세세한 부품이 대량으로 설치된 하드웨어다. 거기에다 착지할 때는 충격을 흡수하고 지면을 박찰 때는 단단해지는 복잡한 '정밀기기'이기도 하다.

그중에서도 핵심은 아치(발바닥 장심)다. 달릴 때는 체중의 두 배 되는 하중이 신체에 가해지는데, 그 충격을 아치와 발목만으로 54%나 흡수한다고[2] 하니 놀랍다.

평소 자신의 발을 물끄러미 관찰하는 일은 별로 없을 것이다. 한번 천천히 바닥을 밟아보자. 발이 서서히 크고 넓어지는 모습을 볼 수 있을 것이다. 이 미세한 움직임이 용수철이 되어, 평상시 걸을 때 생기는 충격을 흡수해준다. 이 기능이 작동하지 않으면 충격이 더 직접적으로 무릎과 허리에 전해져 부담이 늘 것이라는 점은 어렵지 않게 짐작할 수 있다.

나아가 발은 센서 역할도 한다. 인체에서 유일하게 대지와 연결된 감각기관이자 정교한 하드웨어로서 발이 취득하는 정보는 상상 이상으로 다방면에 걸쳐 있다. 압력, 진동, 발바닥에 가해지는 힘의 변화(경사 등) 같은 물리적 자극을 통해 얻은 정보를 뇌에 전달하고, 여기에 시각 등을 융합시킨 방대한 정보를 축적함으로써 우리 몸은 쓰러지지 않게 균형을 잡는다.

차갑다, 따뜻하다라는 온도 정보를 뇌에 전달해 우리는 체온이 떨어지지 않도록 적절히 대처할 수 있다. 젖었는지 아닌지

---

[2] Vivobarefoot, 베어풋사이언스.

의 정보도 그렇고, 통증을 느끼는 신호 역시 뇌로 전달된다. 앞서 혼조 다스쿠 교수가 언급했던 "발을 움직일 때의 방대한 정보를 처리하느라 뇌가 쫓기는 감각"이 이런 것이었을지도 모르겠다.

흔히 피아노를 치면 손가락을 쓴다는 면에서 뇌에 좋은 영향을 준다고들 말한다. 반면 '발가락에서 얻어지는 정보를 처리하는 뇌'는 얼마나 사용하고 있는가를 생각해보면, 우리가 평소 발을 얼마만큼 경시하는지, 달리 말하면 발가락을 얼마나 꼭꼭 묶어 속박하고 있는지를 새삼 알 수 있다.

2024년 여름, 나는 도쿄 다카오산을 방문했다. 맨발을 과학적으로 탐구해 널리 알리는 영국 신발 브랜드 'Vivobarefoot(비보베어풋)'을 일본에 들여온 관계자들과 맨발로 산속을 걷기 위해서다.

"현대 신발에는 '기능성'이 투입돼 있다는 대전제가 사람들에게 널리 알려지면 좋겠습니다."

비보베어풋 디렉터 고미네 히데유키小峯秀行는 이렇게 말했다.

'기능성'의 예로는 앞으로 나아가는 추진력을 높여주는 기능—지금 유행하는 두꺼운 밑창 쿠션도 그렇다—도 있고, 지면으로부터 전해지는 '차갑다'는 정보를 차단하는 기능도 있다.

실제로 맨발로 땅을 디딘 순간 위화감이 들었다. 눈으로 얼은 정보와 발바닥으로 느낀 정보가 일치하지 않았기 때문이다. 비록 전날 비가 내렸다고는 하지만 웅덩이는 안 보여서 약간 축축한 정도일 것으로 예상했는데, 땅 위에 맨발을 올려놓자마자 발바닥이 알려주는 흙의 감각은 시각이 주는 이미지보다 훨씬 푹 젖어 있었다.

하버드 대학 정신의학과 교수 존 레이티의 말처럼, 나 또한 야생의 신체 감각을 오랫동안 잃어버리고 있던 것이다.

> 바닥이 두껍고 구부러지지 않는 신발은, 발한테서는 고유의 수용 감각을 빼앗고, 뇌와 신경회로한테서는 수백만 년에 걸쳐 우리를 지휘해온 정보 수집력과 정보 처리 능력을 빼앗았다.
>
> — 존 레이티, 『맨발로 뛰는 뇌』

뇌는 과거의 경험과 현재의 발바닥 감각을 토대로 다음의 신체 움직임을 예측한다. 예를 들어 울퉁불퉁한 땅에 발을 내디딜 때 뇌는 발의 착지를 예측해 준비를 갖추고 필요한 근육을 사전에 조정함으로써 낙상을 막는다. 이런 뇌의 예측을 '피드포워드Feedforward'라고 한다.

그런데 바닥이 두껍고 잘 구부러지지 않는 신발에 익숙해지면 뇌에 감각 정보가 충분히 '피드백Feedback'되지 않고, 그 결과 뇌는 지면의 상태나 신체의 미묘한 움직임을 예측하기 어려워진다. 피드백 정보가 오랫동안 차단되어 있었기 때문에 시각과 경험을 통한 적절한 피드포워드 제어를 발휘하기 어렵게 된 것이다.

산속을 한참 맨발로 걷다 보니 차츰 눈과 발로부터 얻어지는 각각의 정보가 뇌 속에서 맞아떨어지는 감각이 들었으며, 이는 신기하고도 기분 좋은 느낌이었다.

더 재미있는 것은, 땅 위로 고개를 내민 채 제멋대로 꾸불꾸불 뻗친 나무뿌리를 밟았을 때였다. 내 발을 자세히 관찰해보니 발가락부터 발 전체의 형상까지 저절로 나무뿌리 모양을 따라 유연하게 바뀌어 마치 뿌리를 움켜쥐듯이 서 있었다.

바닥이 딱딱하고 두툼한 전형적인 등산화였다면 그럴 수 없다. 나무뿌리가 튀어나와 있는 상황에서는 지면과 '점点'으로만 맞닿기 때문에 몸이 휘청휘청하고 안정되지 않는다. 발바닥에서 오는 감각이 차단돼 뇌가 밸런스 조정에 필요한 정보를 받기 어려운 탓이다. 더구나 딱딱한 신발은 균형을 잡기 위한 발의 유연한 움직임마저 방해한다. 이에 반해 맨발은 '면面'으로 대지와 접할 수 있다. 발바닥에 입력된 감각으로 충분한 피드백을 얻을 수 있어서 신체가 안정되고 다리와 허리 근육에도 불필요한 힘이 들어가지 않는다.

요는 이러하다. 땅바닥에 떨어져 있는 돌이나 유리 파편 따위로부터 발을 보호하는 기능 그 이상의 것들, 말하자면 '과잉 스펙'의 기능성이 우리가 인식할 새 없이, 아니 거의 알지 못한 채로 현대의 신발에 탑재되어 있다.

그렇다는 건……?

"뒤집어 말하면, 우리가 본래의 신체 기능을 사용하지 못한 채 걸어 다니고 있다는 말인가요?"

"그렇습니다."

무엇보다 놀란 순간은 고미네 히데유키 디렉터의 맨발을 봤을 때였다. 현대인의 그것과는 모양이 전혀 다르다는 표현이 맞을지 모르겠다. 단련된 흔적이 역력했고, 동행한 카메라맨 한 명도 숨을 삼켰다. 나중에 그는 "저런 발은 처음 봤다"고 속삭였다. 신발 사이즈가 크다는 의미와는 다르다. 발 전체가 입체적으로 커다랗고 땅을 움켜잡는 근육이 탄탄하다는 인상을 받았다.

문득 호기심이 일어서 '맨발의 민족'에 관해 조사해보기 시작했다. 맨발로 생활하는 부족이나 집단의 사진들을 살핀 결과 고미네의 맨발과 마찬가지로, 아니 그 이상으로 현대인과는 전혀 다른 발 모양이 잇달아 눈에 들어왔다.

실제로 맨발 생활이 발의 발달에 기여한다는 취지의 논문도 여럿 찾을 수 있었다.

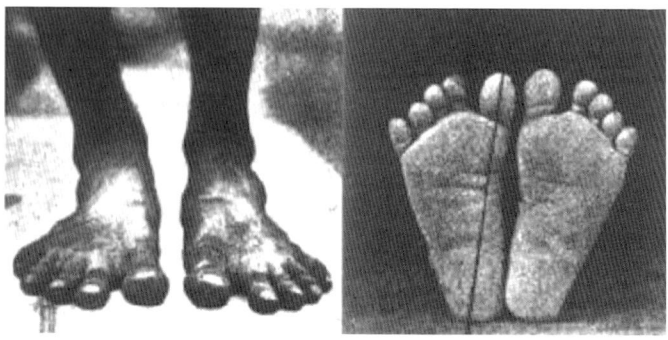

사진: Hoffmann Phil. (1905). "Conclusions drawn from a comparative study of the feet of barefooted and shoe-wearing peoples". The American Journal of Orthopedic Surgery. s2-3(2), 105-136.

예를 들어 1905년 필 호프만 박사는 일찍이 〈미국 정형외과 저널〉에 「맨발인 사람과 신발을 신은 사람의 발 비교 연구에서 얻은 결론」이라는 제목의 논문을 공표했다. 그리고 "맨발로 걸으면 발가락이 저절로 확장돼 신체의 안정성이 향상된다"라고 결론 내렸다.[3]

무엇보다 사진이 그 사실을 증명하고 있었다. 현대인의 발과는 전혀 닮지 않은, 강력함을 간직한 발바닥이다.

역시 우리는 우리 자신의 '발'에 대해 지나치게 무심하다. 이

---

3 Beatriz Carpalo Porcar, Daniel Sanjuán Sánchez, Paula Cordova Alegre. (2024). "Las ventajas de andar descalzos(o como si estuviéramos descalzos)". THE CONVERSATION.

정도의 정밀기기로 타고난, 다시 말해 '인체의 기적'이라고 해야 할 발을 가둬버린 신발만 밤낮으로 신고 다니니 말이다.

'현대판 전족'을 한 사람들

우리 주변에는 공기처럼 너무 당연해서 눈치채지 못하는, 혹은 의문조차 들지 않는 관습이나 개념이 많이 존재한다.

앞코가 좁고 뾰족한 신발도 그렇다.

내 사회생활의 출발점은 출판사의 서점 영업사원이었다. 그래서 1년 차까지 가죽구두를 신었다. 2년 차 넘어서도 경제지 기자로서 대기업을 중심으로 취재했으니, 정장에 구두 차림의 생활을 몇 년은 보낸 셈이다.

입사 무렵에는 특히 뾰족한 구두가 대세였고, 점차 그것도 인기가 시들해져 구두코가 약간 둥그스름한 것이 서서히 매장 면적을 넓혀갔다. 그래도 앞부분이 비좁은 것은 변함이 없고, 트렌드만 어지럽게 변해갈 뿐이었다. 선택지가 없다시피 했다.

하지만 나는 언젠가부터 구두를 신지 않아도 실례가 되지 않을 복장으로 서서히 옷차림을 바꿨다. 발이 너무 답답하고 걸어 다니기 힘들어 한계에 달했기 때문이다.

구두를 신지 않는 것은 대기업 사장을 취재하는 중요한 자리에서 '예법'에 어긋나고 '무례한 녀석'이라고 여겨졌다. 그래서 종종 손해를 보았다. 숙고에 숙고를 거듭한 질문과 기사글 자체로 승부하겠다는 기개로 꾸준히 노력을 쌓을 수밖에 없었다. 지금 돌이켜보면, 그저 비뚤어진 성격 때문이기도 했지만, 내

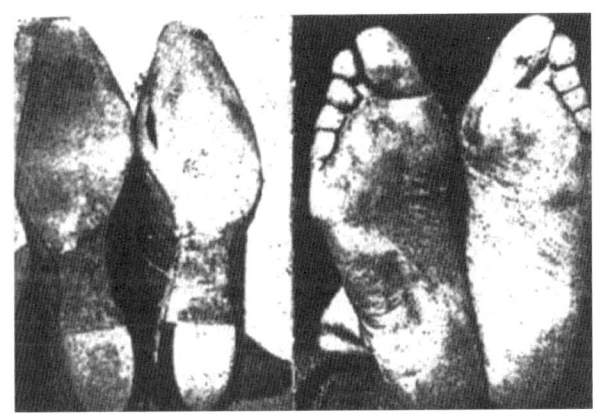

신발을 신고 생활한 발 모양

사진: Hoffmann Phil. (1905). "Conclusions drawn from a comparative study of the feet of barefooted and shoe-wearing peoples". The American Journal of Orthopedic Surgery. s2-3(2), 105-136.

발이 그렇게까지 망가지지 않고 버틸 수 있었던 것은 이때의 결정 덕분이라고 말할 수 있을지도 모른다.

아버지의 변형된 발을 볼 때마다 그렇게 생각하게 된다. 아버지만이 아니다. 삼촌도 마찬가지였다. 둘의 공통점은 젊은 시절부터 구두를 신고 걸어 다녔다는 것이고, 그 결과 엄지발가락이 몸의 중심에서 바깥쪽으로 크게 휘어 있었다.

이른바 '무지외반증'이라고 하는 현대병이다.

여성도 사정은 마찬가지다. 오히려 힐이나 펌프스를 신는 여성 쪽이 압도적으로 이 질병을 많이 앓는다는 데이터도 있다. 무지외반증의 문제는 보기에 딱해 보인다는 것뿐만이 아니다. 발의 아치(장심)가 기능하지 않는다. 인간의 발은 정밀기기라고 설명한 바 있다. 그런데 엄지발가락 각도가 자연스러운 위치에 있지 않으면 골격 구조상 하중을 받을 때 아치가 무너져버린다.

아치는 걸을 때 체중의 충격을 흡수하는 용수철 내지 쿠션 역할을 한다. 그러므로 이것이 무너진다는 것은 무릎과 허리의 통증이 가중돼 자세가 안 좋아지고 더 나아가 걷기가 여의치 않게 된다는 뜻이기도 하다. 즉, 보행이 불안정해진다.

세계적으로 저명한 미국의 족병 전문의이자 연구자인 레이 맥클라나한Ray Mcclanahan은 자신도 발가락이 휘고(무지외반증으로 둘째발가락이 엄지발가락 위에 올라탔다), 무릎과 등의 통증을 비롯

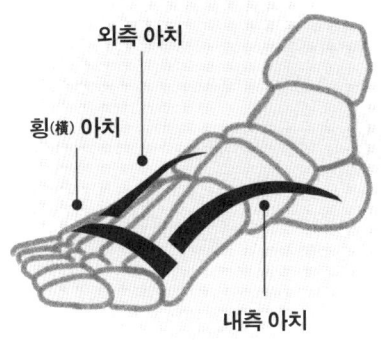

그림 6. 발의 구조

한 여러 문제를 겪었다고 한다.

당시의 수술 방식은 엄지발가락 안쪽 근육을 절단하는 것이 일반적이었지만 정말 절단만이 최선인지, 더 근본적으로 고칠 수는 없을지 고심한 끝에 그는 발가락에 끼우는 실리콘 기어 'Correct Toes(발가락 교정기)'를 개발했다. 25년 전 이를 개발한 당시만 해도 미국 족병학회의 관심을 크게 끌지 못했지만, 지금은 요가, 물리치료, 건강 코칭 등의 분야로 퍼져 거의 모든 미국 러닝 전문점에 비치되어 있다고 한다.

맥클라나한에 따르면 Correct Toes는 "Natural Toe Spray(자연스러운 발가락 벌어짐)"을 위한 도구다. 그는 신발 앞코가 좁을 때의 문제점을 다음과 같이 지적했다.

- 시중에 판매되는 슈즈는 패션성을 우선했기에 자연스러운 인간의 발 모양을 하고 있지 않다.
- 혈류는 발가락 사이를 지나기 때문에 발을 압박하면 혈류가 방해받는다. 발가락이 편하게 벌어질 수 있는 신발은 균형 잡기가 쉬워 혈액순환과 혈류에도 좋은 영향을 준다.
- 발이 변형돼 자세가 무너지면서 신체 통증으로도 이어진다. 발이 자연스러운 모양이 되면 무지외반증과 같은 변형도 막을 수 있다. 발 근육도 약 10% 강화된다.

'구두란 게 원래 그렇지, 뭐…….'

구두가 싫어진 나조차도 그렇게 믿고 있었지만, 정말 그럴까? '비즈니스 매너이기 때문에 구두는 참고 신어야 하는 것'이며, 거기에 얽매이기 싫으면 젊은 패기로 반발했던 시절의 나처럼 '다른 신발을 신으면 되는' 이야기일까?

내가 도달한 답은 명확했다. '뾰족한 신발의 신화'는 늦든 빠르든 언젠가 끝을 맞이할 것이다. 즉 구두는 참고 신어야 하는 것이 아니다. 발끝이 좁은 신발 모양에 인간이 맞춰야 한다는 것 자체가 애초에 부자연스럽다.

그야말로 '현대판 전족纏足'에 다름 아니며, 적어도 그것이 주류인 시대가 어느 순간 과거형으로 느껴지는 때가 올 것이다. 이유는 간단하다. 몸을 좀먹어서이다. 담배처럼.

'인간은 왜 뾰족한 신발을 신게 되었을까?' 원류를 더듬어가다 보니 생각은 확신이 되었다.

손안에 한 권의 책이 들려 있다. 2001년에 발행된 『The Complete History of Costume & Fashion : From Ancient Egypt to the Present Day(코스튬과 패션의 역사: 고대 이집트부터 현재까지)』라는 두꺼운 미국 원서다. 패션과 의상의 역사를 총망라하여 다룬 것으로, 각 시대의 사회 배경이나 문화적인 영향과 함께 의상과 패션의 변천을 풍부한 일러스트와 사진으로 알기 쉽게 설명해준다.

이에 따르면 뾰족한 신발의 시초는 중세 유럽에서 유행했던 '풀렌Poulaine'이 기원인데, 프랑스어로 '폴란드'를 뜻하는 이름 그대로 폴란드에서 유래한 신발이다. 형태만으로도 알 수 있듯이 노동이 필요치 않은 '특권 계급'임을 과시하는 용도다.

결국 별게 아니었다. 부유층이 이 모양에 그토록 푹 빠진 이유는, 실용성 없는 디자인을 즐길 수 있는 여유를 드러내고 싶었기 때문이다. 그래서 굳이 '실용적이지 않도록' 신발 끝을 길고 뾰족하게 만든 것이다.

중세 유럽에서 유행했던 풀렌(Poulaine) (출처: 메트로폴리탄 미술관, 뉴욕)

뾰족하면 뾰족할수록 '유행의 최첨단을 달리는 나'를 뽐낼 수 있었으며, 신분이 높다는 우월감을 과시할 수 있었다. 극단적으로 길면 발끝 부분만 24인치(약 60cm)나 됐다고 한다. 이 신발 때문에, 1396년 오스만제국의 압승으로 끝난 니코폴리스 전투에서 프랑스군은 신속히 퇴각하기 위해 앞코를 잘라내야 했다는 일화까지 남아 있다[4](전쟁터에까지 풀렌을 신고 나갔던 것이다).

풀렌은 정치인과 교회로부터 "악마의 발가락"이라며 비판받았고, 잉글랜드 왕 에드워드 3세(1312~1377년)에 이르러서는 신

---

4 State University of New York, (2018), "POULAINE", Fashion History Timeline.

발의 길이를 신분에 따라 제한하는 법을 제정해 과도한 패션에 규제를 가할 정도였다. 예를 들어 서민은 앞코 길이가 15cm, 신사는 37.5cm, 귀족은 60cm까지 허용되는 식이었다.

물론 몸에도 좋지 않았을 것이다.[5] 최근 영국 케임브리지 대학은 이 점을 조사하고 있다.[6]

15세기 채색 사본. 풀렌을 신은 젊은이들이 모인 궁궐의 모습 (출처: 프랑스국립도서관)

---

5 Nora McGreevy, (2021), "This Fancy Footwear Craze Created a 'Plague of Bunions' in Medieval England", *Smithsonian MAGAZINE*.
6 Jenna M. Dittmar, Piers D. Mitchell, Craig Cessford, Sarah A. Inskip, John E. Robb, (2021), "Fancy shoes and painful feet: Halux valgus and fracture risk in medieval Cambridge, England", *International Journal of Paleopatholog*.

케임브리지 일대 매장지에서 발굴된 177구의 뼈를 분석한 결과 11~13세기에 매장된 사람 중 발에 무지외반증 흔적이 발견된 사람은 6%에 불과했다. 그런데 풀렌이 유행했던 14~15세기에 매장된 사람에게서는 그 네 배 이상인 27%에 달했다고 한다. 특히 부유한 사람들이 묻힌 묘지에서는 43%에 이른다.

앞서 "무지외반증은 현대병"이라고 했는데, 여기서 '현대'는 '인간이 실용성을 무시한 신발을 신게 된 이후'의 시간이다.

그때나 지금이나, 발에 미치는 악영향은 안중에 없이 패션에 열광하고 다들 신으니까 나도 신고 싶다며 유행을 좇는 거센 흐름에 대적하는 건 어려운 일이다. 더구나 그 무렵의 시대 배경도 복잡하게 얽혀 있었을 테니 풀렌 광풍을 정면으로 비난만 할 수는 없다.

다만 그 잔재로서, 풀렌만큼 길고 뾰족하지는 않더라도(아니, 여성의 하이힐은 그 정도로 뾰족한 것도 많지만) 앞코가 가늘고 좁은 신발은 여전히 부와 지위의 상징이자 패셔너블하고 스타일리시한 것으로 21세기인 지금까지도 받아들여지고 있다.[7]

그리고 나 또한 그렇게 주입되어 온 한 명이었다.

---

7 각주 4와 동일.

발을 해방하라

 익숙한 상식 혹은 관습이 정답이 아닐지도 모른다는 것은—특히나 그것이 자국만의 문화라면—해외에서 다른 문화를 체험해보고 깨닫는 경우가 많다.

 하지만 뾰족 구두의 경우 전 세계가 같은 신화를 공유하고 있다. 서로 인터넷으로 연결된 이후부터는 트렌드가 더욱 눈 깜짝할 새에 확산된다. 그래서 구두는 물론이고 평소 신고 다니는 운동화조차 동서양을 불문하고 발끝이 가늘고 좁은 것들뿐이다. 그리고 우리는 그 비좁은 공간에 아무런 의문을 품지 않고 발을 꾹꾹 밀어 넣고 있다. 그것도 매일.

 '이 거대한 신화가 허구가 아닐까?' 하는 의문을 품게 된 계기는, 미국 슈즈 브랜드 '알트라Altra'와의 만남이었다.

그 신발은 겉만 보면 그냥 세련된 트레일 슈즈인데, 직접 신어보니 발가락 부분^{Toe Box} 토박스이 무척 넓어 자유로웠다. 더구나 발바닥으로 땅을 느낄 수도 있었다. 발가락으로 땅을 움켜쥘 수 있고, 땅에서 발바닥으로 전해지는 자극 또한 한 걸음 한 걸음마다 다르다. 그도 그럴 것이 본래 땅의 굴곡도, 그곳에 나뒹구는 돌과 나뭇가지도, 똑같은 형태는 하나도 없기 때문이다.

아스팔트 위를 걷는 일이 즐거워졌다. 흙을 밟을 때의 발소리처럼 귀로 들어오는 감각과 발바닥으로 얻는 감각이 맞아떨어지는데, 그것이 어쩐지 기분 좋다.

자꾸 더 걷고 싶어서 아들과 둘이서 시작한 장거리 하이킹도 현대의 신발을 향한 의문에 박차를 가했다. 아들이 "발이 아파요"라는 말을 꺼냈기 때문이다.

의문을 품을 수밖에 없었다. 나름대로 비싸고 유서 깊은 브랜드의 하이킹 슈즈를 큰맘 먹고 샀기 때문이다. 게다가 한창 성장기에 있는 아동용이다 보니 대개의 부모가 그렇듯 나도 조금 큰 사이즈를 사서 신겼다.

그런데도 아이가 "새끼발가락 쪽이 끼는 것 같아요"라고 하는 것이다. 하이킹을 즐기는 데 신발 때문에 아이의 발이 비명을 지르고 있다면 그야말로 사활이 걸린 문제이고, 내게는 반드시 해결해야 할 주제가 되었다.

왠지 새끼발가락 쪽이 갑갑하고 아프다고 외치는 아들. 이날은 하루에 17km를 걸었다.

나는 알트라의 신발을 신어보고 신기한 감각을 느꼈기에, 그 브랜드 것을 아들에게도 신겨보기로 했다. 키즈용 모델이 딱 하나 있어서 그것을 사주었다. 이후로 더 긴 거리를 걸어도 아들이 아프다고 호소하는 일은 없었다.

이때부터 내 안에는 현대의 신발이 뭔가 나쁜 짓을 하고 있다는 확신이 섰는데, 이러한 자각은 장거리를 걸어봤기에 가능했지 평소 걷는 정도로 걸었다면 무심히 지나쳤을 것이다. 그 상태로 오랜 세월이 지났다면 내 발은 점점 변형되지 않았을까

아이슬란드에서 4일간 총 55km를 알트라 신발을 신고 걸었다.

생각한다.

그리고 이 가설을 검증하고 싶다는 의미에서도, 알트라라는 슈즈 브랜드는 도대체 어떤 경위로 탄생했을까 하는 호기심이 생겼다. 내게 알트라의 신발은 지금까지 무의식중에 각인된 '경전' 같은 사실을 문득 의심하게 만들어준, 그야말로 신문물 체험이었던 것이다.

그러다 이 슈즈 브랜드가 넓은 의미에서 '베어풋(맨발) 슈즈 Barefoot Shoes'라고 불리는 카테고리에 속한다는 것을 알게 됐다.

그리고 같은 카테고리에 있는—관계자와 다카오산을 함께 걸으며 취재하게 된—영국의 비보베어풋이라는 오래된 브랜드를 알게 됐다. 비보베어풋은 보다 맨발에 가까운 감각인 데다 패션성도 겸한 슈즈라고 하길래 곧바로 신어보았다.

  이리하여 내가 평소에 신는 신발 라인업은 약 2년에 걸쳐 조금씩 바뀌어갔다. 그와 함께 지금까지 신어온 신발의 대부분을 처분했다. 단순한 기호의 변화가 아닌, 속박으로부터의 해방이었다. 바로 얼마 전 마음에 들어서 산 운동화조차 '왜 이런 신발을 신고 있었을까' 하는 후회에 가까운 감정으로 바라봤다.

우리의 발은 망가져 있다

"현대인의 발이 망가져 있다는 전제하에 만들어진 신발이 많아요."

알트라를 일본에 들여와 발과 슈즈의 바람직한 방향을 알리고 있는 후쿠치 다카시福地孝는 운동 퍼포먼스 및 스포츠 의학 전문가로서 러닝·워킹 전문점 'STRIDE LAB'을 전국에 운영하고 있다. 그도 비보베어풋 디렉터 고미네 히데유키와 같은 말을 했다. 이는 내가 '걷기'를 주제로 취재해온 과정에서 흥미롭게 느낀 견해 중 하나였다.

말하자면 신발이 깁스 혹은 코르셋처럼 만들어져 있다는 관점이다. 우리의 발이 생각 이상으로 약해져 있음을 전제로, 기능성이 겹겹이 쌓인 신발만이 세상에 넘쳐나고 있다는 것이다.

예를 들어 발바닥 장심(아치)이 망가져 있는 발을 전제로 마련된 기능이 있다. '아치 서포트'다. 이는 발밑에서 강제로 아치를 들어주는 기능이다. 하지만 아치를 아래에서 억지로 밀어 올릴 경우, 원래는 자유롭게 움직여야 할 수많은 발의 관절들이 고정되어 움직일 수 없게 된다. 한쪽 발에는 무려 33개의 관절이 있으며, 이것이 안정성을 확보하는 데 중요한 역할을 하는데도 말이다.

거기에서 파생해, 이번에는 신발의 미드풋Midfoot 중족부 부분이 비틀리지 않게 신발 밑창의 아치 부분을 단단히 고정해주는 심재芯材(섕크)가 삽입되기 시작했다. 아치 서포트로 발 관절이

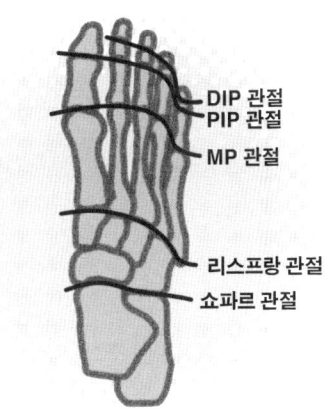

그림 7. 발의 구조

고정된 상태에서 신발의 미드풋 부분만 비틀려버리면 발이 아파지기 때문이다.

생크라는 구조물이 처음 발명된 것은 구두에서였다. 부드러운 상태 그대로 두면 중족부가 꺼져 내려 형태를 유지할 수 없기에 구조상 필수적이었던 것이다. 하지만 러닝·워킹용 스포츠 슈즈나 운동화의 경우 생크가 '고정'이라는 기능은 하겠지만 구조적으로 불가결한 요소는 아니다.

평소 신는 신발 앞부분과 뒤꿈치 부분을 양손으로 잡고 한번 비틀어보자. 원래는 비틀리는 편이 좋은 것이다. 왜냐하면 발 자체도 자유롭게 비틀리게 되어 있으니까 말이다.

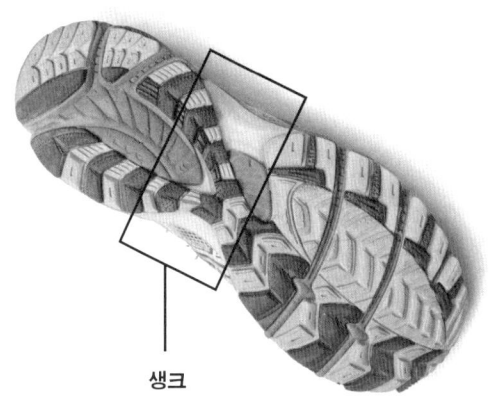

그림 8. 신발 밑창의 아치를 고정하기 위한 심재(생크) (사진: kues1, Freepik)

그런데 마치 논리를 짜맞추려는 듯이, 혹은 현대인의 발이 약화됐다는 불편한 진실을 감추려는 듯이, 러닝화에마저도 생크를 넣어 단단히 고정해버렸다. 그러니 웬만한 신발은 비틀리지 않는다. 이것이 현대의 신발이 코르셋처럼 만들어져 있다고 표현한 이유이다.

당연히 그러한 신발은 망가진 발을 일시적으로 서포트해주므로 '걷기 편할' 수는 있지만, 결코 **발이 강해지는 일은 없다**. 아무도 '어깨 관절을 움직이지 않는 게 좋다'고 하지 않는 것과 같은 이치다. 관절이 있는 곳을 움직이지 않으면 그 주변 근력도 약화될 수밖에 없다.

자동차와 배달 앱 우버이츠Uber Eats 같은 테크놀로지가 걷기를 저해한다는 사실은 다들 알고 있다. 안 걷는다는 죄책감을 느끼면서도 이용하고 있을 뿐이다. 하지만 현대의 신발이라는 테크놀로지는 다르다. 자신도 모르는 채로 이렇게나 걷기를 저해하고 있다. 이 점이야말로 모두가 알아두어야 할 사실이라고 생각한다.

대형 슈즈 브랜드가 본래 마주했어야 하는 진짜 문제는 좁은 신발 앞코였다. 그리고 그 해결책은, 발가락을 더 자유롭게 움직일 수 있도록 또는 최소한 엄지발가락이 자연스러운 위치에 오도록 신발을 재설계하는 것이어야 했다.

그러면 무지외반증, 편평발 등을 예방해 인간이 자신의 발을 자연스럽게 사용할 수 있게 되고, 더 길게 보면(짧은 사이클로 시장의 냉혹한 평가를 받는 게 자본주의의 숙명이라며 불가능하다고 하면 그만이지만) 망가진 발을 전제로 한 신발 따위는 만들지 않아도 되는 날이 올 것이다.

하지만 역시 대형 브랜드가 그런 신발을 세상에 내놓는 일은 없었다. 적어도 신진 주자들의 기세가 보통이 아님을 목격하기 전까지는.

인류학자 제레미 데실바는 내가 도달한 하나의 결론을 뒷받침하는 한마디를 단적으로 던지고 있다.

> 인간은 아치의 손상, 무지외반증, 망치족치(Hammer Toe 발가락 첫째 마디가 구부러진 질환), 발목의 전하경비인대(AiTFL) 손상 등 이런 저런 발의 불편함에 시달리는 경우가 상당히 많다. 더구나 발의 대부분은 신발—인류가 전 세계로 퍼져나갈 수 있게 한 테크놀로지—에 의해 악화된다.

이렇게 발과 신발에 대한 내 인식이 바뀌고 있을 무렵, 뜻밖의 기회가 찾아왔다. 때마침 알트라 공동창업자 브라이언 벡스테드^{Brian Beckstead}가 약 10년 만에 일본을 방문한 것이다. 그는

2년 이상 신는 동안 내게 걷기의 즐거움을 알려준 신발의 부모다. 당장 그에게 연락을 취한 건 말할 것도 없다.

우연한 타이밍은 만남으로 이어졌다. 현대 신발에 얽힌 의문을 품고 그들의 창업 이야기를 들었다. 더없이 알맞은 인물을 인터뷰한 셈이다. 브라이언 벡스테드와의 대화는 '걷기'를 사실상 방해하고 있는 테크놀로지에 대해 깊이 파고드는 여정이 된다.

신발이 바뀌면 걷고 싶어진다

 신기하게도, 맨발로 걷는 느낌이 드는 베어풋 슈즈(쿠션이 있어도 괜찮다)를 신는 것만으로 잠깐 밖을 걸어보고 싶어진다.
 아래에 신발 고르는 법을 정리해두었다.

① 발 모양에 맞는 디자인
 신발 앞코가 발의 가장 넓은 부분에 맞아야 한다. 이 점이 무엇보다 중요하다. 발가락이 펼쳐져 발의 균형을 유지하고, 본래의 아치 기능을 서포트하며, 변형(무지외반증 등)을 예방할 수 있다. 발가락이 자유로우면 땅을 움켜쥐며 걷게 되는데, 그 감각이 최고로 기분 좋다.
 더불어 신발이 자유로이 휘거나 비틀릴 정도로 유연한 것이 바람직하다. 발의 관절이 자연스럽게 움직이면 지표면의 변화에 적응하는 능력도 높아진다.
 여름엔 주로 비브람 파이브핑거스나 베어풋 샌들, 겨울엔 발가락양말에 Correct Toes를 끼우고 베어풋 슈즈. 이것이 나의 차림이다.

② **평평함(제로 드롭)**

굽이 높지 않고 밑창이 수평인 '제로 드롭' 신발은 발목과 종아리의 자연스러운 기능을 이끌어내, 보다 자연스러운 걸음걸이를 유도한다. 특히 종아리는 '제2의 심장'이라고도 하는 부위로, 근육을 올바르게 쓰면 전신의 혈액순환이 좋아진다.

현대의 딱딱한 노면을 감안하면, 어느 정도로 밑창이 얇아야 좋은지는 사람마다 제각각이다. 발에 문제가 있느냐에 따라 다르므로 베어풋 슈즈를 취급하는 전문점에서 진단받는 것이 가장 좋다.

쿠션 등 기능성을 덜어낸 미니멀리스트 슈즈를 체험하고 싶다면, 적응을 위해 짧은 시간부터 걸어보며 서서히 활동 시간을 늘리면 좋다.

③ **패션성**

신발은 패션성도 버릴 수 없다. 평소 복장에 어울려야 손이 간다는 점이 사실 가장 큰 걸림돌일지도 모른다. 이 책에서 다룬 알트라, 비보베어풋, 제로슈즈 외에 캠퍼, 머렐 등의 대형 브랜드 중에도 제로 드롭 신발이 있으니 취향에 맞게 찾아보자.

베어풋 타입의 가죽 신발도 다양하게 유통되고 있다.

또 Step 5에서 소개하는 신생 브랜드 중에는 스테디셀러 스니

커즈를 대체하려는(분명 그것을 노리고 있다) 디자인도 존재한다.

예를 들어 독일의 신생 베어풋 슈즈 브랜드 'Groundies'의 신발 역시 제로 드롭 형태다. 밑창도 유연하고 자유롭게 휘어진다. 겉보기는 아디다스의 스탠스미스 같으며, 실제로 해외 리뷰 사이트에서는 스탠스미스 팬들이 열광하는 모습을 볼 수 있다.

또 미국의 신생 베어풋 슈즈 브랜드 'Splay'의 신발은 반스 Vans의 스테디셀러 '오센틱' 같은 디자인이다. 이 밖에 컨버스 올스타를 닮은 베어풋 슈즈도 있다.

관심 있는 사람은 꼭 이 선택지들도 함께 봐주었으면 한다. 나도 하나씩 구입해서 신어보는 중이다.

제로 드롭 형태의 가죽구두 '스트라이드 ADDICT' (사진: 공식 사이트)

독일의 신생 베어풋 슈즈 브랜드 Groundies의 신발 (사진: 공식 사이트)

미국의 신생 베어풋 슈즈 브랜드 Splay의 신발 (사진: 공식 사이트)

Step 5
신발

신는 물건이라는 테크놀로지

발은 나에게 말을 건다.
좋은 발은 신의 걸작이다.
나쁜 발은 고통이다.

-살바토레 페라가모(구두 장인·패션 디자이너)

또 하나의 '달리는 실험실'

신발의 역사는 오래됐다. 그 탄생은 약 4만 년 전인 구석기 시대 중기까지 거슬러 올라간다.

인류가 고위도高緯度를 장거리 이동하기 위한 테크놀로지로 등장한 것이 신발이다. 한랭지를 걸을 때 동상이나 암벽으로 인한 상처로부터 발을 보호하는 목적이었다. 발에서 전해지는 '차갑다'는 정보를 차단하면 몸은 더 자유롭게 움직일 수 있다. 신발을 발명한 덕분에 조상들은 자신의 발로 대륙과 대륙을 건너다닐 수 있었으니 틀림없는 인류사의 혁신이다.

장거리 도보여행이 성행하던 근세 일본에서 발밑을 지탱해준 주역은 '와라지'였다. 볏짚을 솜씨 좋게 엮은 이 신발은 발목에 단단히 고정되어 동작의 자유도를 높이고 몸놀림을 가볍게

와라지를 신은 마쓰오 바쇼(왼쪽)와 제자 소라(오른쪽) (출처: 「안쪽 오솔길 행각지도」 모리카와 교로쿠 작품/Wikimedia Commons)

했다고 한다.[1] 경량이라 휴대하기 편했고, 역참이나 찻집에서 쉽게 사서 교체하는 것으로 약한 내구성을 보완할 수 있었다.

46세에 기행문 『おくのほそ道(안쪽 오솔길)』에 담긴 150일간의 도보 여행을 해낸 마쓰오 바쇼(1644~1694년) 또한 와라지에 남다른 애착을 가졌다는 기록이 오늘날까지 전해지고 있다.

---

[1] 아이하라 히데키(相原秀起), 매일 약 40km를 걷는 에도의 대유행 이세 참배로 본 서민의 튼튼한 다리【에도의 아득한 도보여행】, YAMAP MAGAZINE, 2023년 2월 11일.

신발이라는 물건을 단순한 사회적 지위의 상징으로만 바라볼 게 아니라면 패션 트렌드에 선택이 좌우되거나 선택지 자체가 제한되어서는 안 된다. 잘못된 신발은 발 모양을 바꿔버리는 대표적 요인으로, 근력을 약화시키고 걷는 일 자체를 방해하기 때문이다. 하지만 실용적인 도구라는 본질에서 멀어져 부의 상징으로 자리매김한 신발을 비실용적인데도 굳이 신는 문화가 탄생했다. 그것이 현대에 이르는 좁은 앞코의 유래가 되었다.

그리고 최근, 우리가 평소에 신고 다니는 신발을 크게 좌우하는 어떤 변화가 일어났다.

바로 **러닝화의 발명**이다.

의외로 이 러닝화라는 개념이 생겨난 역사는 짧은데, 여러 문헌에 따르면 대체로 1970년대 이후에 탄생한 것으로 본다. 4만 년의 긴 신발 역사를 놓고 보면 불과 50년 정도는 그야말로 최근의 일이다.

『괴짜 경제학Freakonomics』의 저자로 알려진 저널리스트 스티븐 더브너는 자신의 팟캐스트 프로그램 〈FREAKONOMICS RADIO(괴짜 경제학 라디오)〉의 「These Shoes Are Killing Me!(이 신발, 너무 아파!)」라는 제목의 회차에서 하버드 대학의 생화학자 아이린 데이비스와 이런 대화를 나누었다.

스티븐 : 러닝은 나이키나 오니츠카 타이거를 신고 하던 게 아니죠.

아이린 : 이런 새로운 기술과 신발이 탄생한 건 불과 50~60년 정도 전의 일이에요. 우리는 200만 년 동안 맨발로, 또는 아주 심플한 신발을 신고 달렸어요.

문제는 러닝화를 위해 탄생한 기능이, 현재에는 우리가 평소 신는(러닝용이 아닌) 신발에도 탑재되고 있다는 것이다. 그렇다. 러너의 '기록'을 위한 기능이 말이다.

일찍이 혼다의 창업자 혼다 소이치로는 F1 자동차 경주를 **"달리는 실험실"**이라고 표현했다. 극한의 스피드를 겨루는 레이스의 세계에서 갈고닦인 첨단 기술이 나중에 가서는 대량 생산 자동차에 반영되기 때문이다. 높은 강도와 경량화를 양립시킨 하이테크 소재 '카본 파이버'가 그 예다. 대부분의 사람들이 자각하지 못할 뿐, 이 같은 확산이 최근 신발의 세계에도 일어나고 있다. 문제는 자동차와 달리 신발에 있어선 꼭 좋은 일만은 아니라는 것이다. 최신 패션 트렌드인 높은 굽의 '두꺼운 밑창 쿠션'이 대표적이다.

시작은 1967년, 무대는 미국 오리건 대학이었다.

올림픽을 목표로 하는 선수를 기르는 장거리 육상 코치였던 빌 바우어만 William Bowerman (훗날 나이키의 공동 창설자)은 러너들의 발을 쾌적하게 해주고자 새로운 쿠션Cushioning을 장착한 신발을 개발한다. 바로 '코르테즈'다. 이것이 오늘날 밑창 두툼한 운동화의 시초라고 알려져 있다. 참고로 당시 제조사는 오니츠카(현 아식스)였다. 코르테즈는 이후 신발 설계·제조 기업으로 우뚝 선 나이키의 모델명으로 이어져 오고 있다.

나이키 공식 사이트에 게재된 아카이브에서 '코르테즈의 역사'를 읽어보면 당시의 일과 나이키의 견해가 실려 있다. 3분 정도면 읽을 수 있는 분량이지만, 실로 흥미로우므로 해당 부분만 발췌했다.

장거리 러너에게 혁명을 안겨준 러닝화 '코르테즈' (사진: NIKE 공식 사이트)

Nike의 공동 창설자이자 전설적인 육상경기 코치였던 빌 바우어만. 그의 디자인 재능을 형상화한 첫 나이키 러닝화가 코르테즈다. 빌 바우어만은 선수들이 최대한의 잠재력을 발휘하고 러닝을 레벨업할 방법을 항상 찾고 있었다. 여러 차례 시도를 거듭해 완성한 **코르테즈는 러닝화에 혁명을 일으켰다.**

1960년대 후반에 발매된 코르테즈의 쿠셔닝은 미국의 장거리 러너들에게 미지의 영역이었다. (중략) 코르테즈는 Nike 러닝화 베스트셀러에 올랐을 뿐만 아니라 **그 새로운 쿠셔닝 조합이 업계의 표준이 됐다. 뛰어난 밑창 쿠셔닝으로 충격을 흡수해 스포츠화의 역사를 바꾼 것**이다.

한 영향력 있는 러닝 잡지는 1971년에 코르테즈를 가리켜 '미국 인기 넘버원 장거리 트레이닝화'라고 평했다.

이 신발은 Nike의 역사에서도 굴지의 지명도를 자랑하는 모델이 되었고, 그 인기는 러너에게만 그치지 않았다. 코르테즈는 엄지발가락 부분의 패드와 뒤꿈치 부분의 쿠셔닝을 증량하고 밑창에 강력한 헤링본 트랙션(V자 무늬의 접지 설계)을 장착, 당시의 쿠셔닝과 트랙션의 기준을 새로 썼다. (중략)

코르테즈는 러닝의 혁신을 비약적으로 추진해 그 후에도 진화를 거듭했고 러너 외의 대중에게도 지지를 받게 되었다. (중략) 가죽과 스웨이드를 사용한 실루엣은 현재도 인기가 높아 일상화의 명작으로 전 세계에서 사랑받고 있다.

코르테즈가 탄생한 그 해에 빌 바우어만은 『조깅의 기초 Jogging』라는 책도 집필했다. 이 '조깅'이라는 신개념은 건강으로 가는 지름길로 알려지며 전미를 석권해간다. 새로운 액티비티가 쿠션성 높은 운동화와 함께 대중에게 전파된 셈이다.

지금도 코르테즈는 장거리 러닝화로서만이 아니라 일반 소비자 대상으로도 전개되고 있어 독자분들도 한 번쯤 본 적이 있을 것이다. 이후 나이키의 폭발적인 성공으로 인해 평상시 신는 운동화에 러너들을 위한 기능성―사실 필요하지 않다는 것이 나중에 증명된다―이 동기화되어 간다. '쾌적성'이라는 이름으로.

이 현상의 주요한 예가 요즘 러닝화의 트렌드, '두꺼운 밑창 쿠션'인 것이다.

"이런 러닝화가 유행하면서 자연 속을 걷는 트레일 슈즈도 밑창이 두툼한 신발밖에 선택지가 없는 상황에 빠져버렸습니다. 트레일 슈즈는 러닝화와 같은 카테고리로 분류되고 있으니까요. 하지만 걸을 때 우리는 어쩐지 불편함을 느낍니다. 무엇보다도, 신발이라는 도구의 선택 폭이 좁아져 재미없다고 생각했어요."

이 책의 대박은 '조깅'이라는 개념을 쿠션성 높은 운동화와 함께 대중에게 널리 퍼뜨렸다는 점에서 신기원을 열었다.

고미네 히데유키와 함께 비보베어풋을 일본에 들여온 회사 노마딕스의 공동 경영자 치요다 다카시千代田高史는 비보베어풋을 취급하기 이전의 슈즈 시장 환경을 그렇게 회고했다.

치요다가 "불편함을 느낀다"고 말한 것처럼, 실제로 쿠션성이 높은 신발은 앞코가 비좁은 신발과는 또 다른 측면에서 우리 발에 문제를 일으키기 시작한다. 바로 '뒤꿈치 착지'다.

하버드 교수의 햇불

 이렇게 발명된 현대 러닝화에 반격의 신호탄을 쏜 것은 하버드 대학의 인류학 권위자였다. 이 책에서도 몇 번인가 소개한 대니얼 리버먼이다.

 러너이기도 한 대니얼 리버먼은 2010년 〈Nature〉지에 발표한 논문에서, 습관적으로 맨발로 달리는 러너 그룹과 평소에 신발을 신는 러너 그룹을 모아 각각 맨발, 신발을 신은 상태로 달리게 하는 실험을 했다.[2] 흥미로운 것은 어느 그룹이든 신발을 신었을 때는 발뒤꿈치로 착지하는 경향이 확인됐다는 점이

---

[2] Daniel E. Lieberman, Madhusudhan Venkadesan, William A. Werbel, Adam I. Daoud, Susan D'Andrea, Irene S. Davis, Robert Ojiambo Mang'Eni & Yannis Pitsiladis. (2010). "Foot strike paterns and collision forces in habitualy barefoot versus shod runners". Nature, 463(7280), 531-5.

었다. 한편, 맨발로 달렸을 경우는 엄지발가락의 관절 또는 발바닥 전체로 착지하는 경우가 많았다.

뒤꿈치 착지의 문제점은, 발에서 다리에 이르는 용수철 기능이 충분히 쓰이지 않는다는 데 있다. 특히 발바닥 아치는 용수철처럼 작용해 충격을 흡수하고 에너지를 저장하는 기능이 있는데, 뒤꿈치로 착지하면 이 기능이 잘 발휘되지 않는다.

실제로 실험에서는 맨발로 달릴 경우 신체에 가해지는 충격이 체중의 0.5~0.7배 정도로 억제되었다. 발바닥, 발목, 아킬레스건, 종아리 근육, 무릎이 하나가 돼 용수철처럼 작동했기 때문이다.

반면 신발을 신고 달릴 경우 1.5~2배나 하중이 실렸다. 쿠션성 높은 신발은 뒤꿈치 부분의 두께가 충격을 흡수하여, 발뒤꿈치로 착지하더라도 발에 통증이나 불쾌감이 거의 느껴지지 않는다. 원래는 발바닥이 센서처럼 작동해야 하는데, 발로 얻어지는 정보가 차단되므로 신체에 원래 갖춰진 용수철 기능이 작동하기 어려워지는 것이다.

결과적으로 무릎과 허리에 과도한 충격이 가서 러너의 부상이 끊이지 않을 우려가 있다.

그뿐만 아니다. 바닥 쿠션이 두꺼우면 쾌적하고 추진력도 붙어서 확실히 걷기 편하다. 하지만 신발이 '걷기 편하다'라는 것은 곧 본래의 신체 기능을 사용하지 않고 있다는 반증이라는 점은 지금까지 말한 대로다. 이 때문에 발이 지닌 본래의 용수철 기능이 저하되고 있다는 연구도 있다.

인류학자 제레미 데실바 역시 『퍼스트 스텝』에서 다음과 같이 강조했다.

발바닥에는 열 개의 근육이 네 겹으로 붙어 있다. 그중 몇 개는 발 아치를 유지하는 역할을 한다. 나머지는 발을 내딛는 데 필수적인 근육이다. 그러나 대부분의 신발은 (정말 건강에 좋아 보이고 '아치를 지탱한다'고 칭송받는 신발조차도) 이들 근육을 취약하게 만들 우려가 있다.

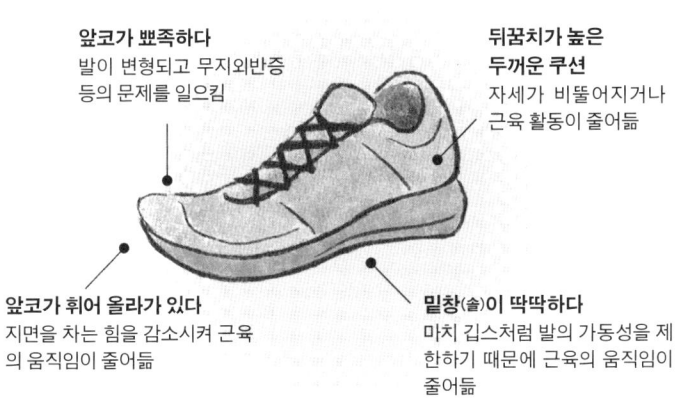

그림 9. 현대 신발의 주요 특징[3]

'러너의 부상이 끊이지 않는다'는 엄연한 사실에 대해, 그 원인이 현대의 신발에 있는 게 아닐까라는 의문을 품은 두 청년이 있었다. 그들이 풍부한 자연으로 가득한 미국 유타주의 외딴 시골에서 조그만 슈즈 브랜드를 창업한 것은 리버먼의 논문이 공표되기 1년 전인 2009년의 일이다.

그렇다, 알트라다.

이 작은 신발 회사가 현재 미국 7위의 러닝화 브랜드로 성장해 있다는 사실은 특히 아시아에는 잘 알려지지 않았다. 40년 넘게 업계의 큰손들이 각축전을 벌여온 이 시장에서, HOKA(호카), ON(온)이라고 하는 이름난 신생 브랜드와 함께 판도를 갈아치운 또 하나의 주자가 알트라다. 스포츠 슈즈계의 자존심을 건 경쟁에서 가장 중요시되는 수치인 '미국 러닝 전문점 신발 판매 점유율(2023년)'에서 바로 그 나이키를 웃돌고 있다고 하면 놀랄지도 모른다. 나아가 최근 뜨고 있는 신생 브랜드 중에서도 이들은 타 브랜드와 구분되는 한 획을 그었다.

인간의 바람직하고 자연스러운 자세를 근본으로 삼아 신발 전부를 재설계했다는 것이다.

---

3   Correct Toes, "Conventional Footwear is the Issue", Juan Siliezar, (2020), "Your shoes were made for walking, And that may be the problem", The Harvard Gazete.

물론 이 브랜드가 유일한 해결책이라는 것은 아니다. 다만 알트라의 창업 이야기를 통해 상황을 들여다보면 신는 도구라는 테크놀로지 그리고 걷는 일 자체를 더 깊이 생각해볼 힌트를 얻을 수 있다.

 시작은, 어린 아이라도 떠올릴 수 있는 아주 단순한 아이디어였다.

제로 드롭 탄생 비화

"신발 뒤꿈치 부분이 이상하지 않니?"

알트라를 공동 창업한 브라이언 벡스테드와 골든 하퍼^{Golden Harper}는 고교 2학년 때 육상부에서 만난 사이다. 두 사람은 졸업 후 골든의 아버지가 운영하는 러닝 숍 '러너스 코너'에서 일했다.

왜 러너가 다치는 일이 끊이지 않는 걸까? 매일 슈즈를 손보며 그런 의문을 품고 지내던 어느 날. 그들은 고객이 가게에 비치해둔 러닝머신 위를 달리는 걸 보다가, 신발을 신고 있을 때보다 맨발일 때 착지가 더 자연스럽다는 사실을 발견했다. 그 사실은 1년 후 대니얼 리버먼의 논문으로 증명된다.

일반적인 러닝화는 뒤꿈치 부분이 앞부분보다 두 배는 두껍고, 무게도 굽 쪽이 무겁다. 본래는 러닝의 '기록' 향상을 위해 추진력을 내거나 러너의 발에 쾌적한 환경을 제공하기 위한 사양이지만, 이 점이 자칫 걸음에 나쁜 영향을 끼치고 있는 것은 아닐까?

만약 정말로 나쁜 영향을 끼치고 있다면, 맨발의 자연스러운 상태에 가깝도록 신발의 뒤꿈치 부분을 깎아 시험 삼아 달려보자.

"신발 굽을 자르고 있어."

어느 날 골든이 전화를 걸어와 그렇게 말했을 때 브라이언은 깜짝 놀랐다고 한다. 당시 둘은 러닝화 업계에 불만을 품고 있었다. 어느 모델이건 너무 딱딱하고 무거웠기 때문이다. 다만 브라이언은 "설마 굽을 제거할 생각까지는 못했다"라고 속내를

개조한 최초의 제로 드롭 슈즈 (사진: 알트라 제공)

밝혔다.

당시 업계의 모든 신발은 앞부분과 뒤꿈치 부분의 높낮이가 12~14mm나 차이 났다. 이 높낮이 차를 '드롭'이라고 한다. 드롭이 큰 신발은 뒤꿈치 부분이 높다는 뜻으로, 요컨대 하이힐 같은 것이다. 다만 하이힐과 달리 대부분의 사람들이 눈치채지 못할 정도의 높낮이 차다. 그러나 정도와 관계없이 뒤꿈치 쪽이 높으면 확실히 몸이 앞으로 기울어진다. 즉, 의지와 상관없이 전진하는 힘이 생겨버린다.

브라이언과 골든은 높낮이 차를 없애고 이 신발을 "제로 드롭"이라고 이름 붙였다.

이것이 요즘 일부 러너와 하이커 사이에서 열광적인 지지를 얻고 있는 '제로 드롭 슈즈'가 탄생한 순간이다.

그 신발을 신고 시험 삼아 달려보니 놀라운 효과가 나타났다. 러너이기도 했던 브라이언은 햄스트링 쪽이 안 좋았는데, 상태가 금세 나아졌다. 평소 앓고 있던 척추측만증 또한 제로 드롭 슈즈로 자세가 개선돼 통증이 누그러졌다.

이건 굉장하다 싶어 이번에는 고객한테도 시험해보기로 했다. 숍에 상담하러 오는 러너들에게 개조한 신발을 신겨본 것이다.

마찬가지로 효과를 실감하는 사람이 늘어났고, 순식간에 입소문이 퍼졌다. 처음에는 토스터 오븐으로 솔(밑창)을 녹이고

톱으로 깎아 손수 개조했는데, 그런 수작업으로는 수요를 전혀 따라잡을 수 없게 되었다. 다행히 가게 맞은편에 구두 수선집이 있어 한 켤레당 20달러에 개조를 맡길 수 있었다.

주문 고객의 수는 최종적으로 무려 1000명이 넘었다고 한다.

이때, 두 사람은 신발 한 켤레당 설문지 한 장을 동봉했다. 답지를 가져다주면 다음 구매시 할인해주겠다는 메모와 함께. 600명으로부터 설문지가 돌아왔다.

설문조사에는 제로 드롭을 신으면 발목 염좌 빈도가 줄어든다는 것이 보고되었다. 트레일을 디디는 몸이 더 안정됐기 때

신발을 개조해준 구두장이 (사진: 알트라 제공)

문이다(비보베어풋 디렉터와 맨발로 트레일을 걸어봤던 경험상 수긍이 간다). 요통, 무릎 통증, 고관절 통증 개선에도 효과가 있었다.

한편 종아리 쪽으로는 조금 당기는 느낌을 받은 사람이 많았다. 굽을 낮추면 '제2의 심장'이라 불리는 종아리 근육을 제대로 사용하게 된다. 그도 그럴 것이, 여태껏 전방으로 무게중심을 이동할 때 드롭의 도움을 받다가 이제는 본인의 시스템, 즉 근육을 쓰지 않으면 안 됐기 때문이다. 지금까지 별로 사용하지 않았던 조직인 탓에 단순 근육통이 생긴 것이다.

참고로 역사적으로 프랑스의 루이 14세도 신었다는 하이힐은, 군인들이 말을 탈 때 등자에 발을 안정적으로 걸기 위해 고안되었다는 설이 있다. 그런데 최근 연구에 따르면 하이힐을 신고 계속 걷는 사람은 종아리 근육이 쪼그라들고 아킬레스건이 뻣뻣해져 걸음걸이까지 바뀌는 것으로 알려졌다.[4]

굽을 낮춰 근육을 제대로 사용할 때의 좋은 점은 시간이 갈수록 근육이 강화된다는 것이다. 한편 브라이언은 "관절은 그 반대"라고 말한다. 현대의 신발은 뒤꿈치로 착지하여 충격을 관절로 받고 만다. 그런데 관절이나 반월판은 강화되는 일 없이 시

---

[4] R. Csapo, C. N. Maganar is, O. R. Seynnes, M. V. Narici, (2010) "On muscle, tendon and high heels," *Journal of Experimental Biology.*

말을 타는 루이 14세 (출처: Adam Frans van der Meulen 작품(1674), 에르미타주 박물관)

간이 지남에 따라 계속해서 마모되는 부분이라고 한다. 그러니 부상 감소라는 점에서도 제로 드롭은 효과가 있었다.

설문조사 결과를 보고 두 사람의 견해는 확신으로 바뀌었다. '이건 된다!'

그래서 브라이언과 골든은 몇몇 대형 슈즈 브랜드에 제로 드롭 슈즈를 제안할 방법을 모색하기 시작했다. 사흘간 유타주의 산속에 틀어박혀 뉴발란스, 써코니, 아디다스 등의 브랜드에 어떻게 이 신발을 만들어달라고 할지 작전을 짜고 논의를 거듭한 것이다.

슈즈 브랜드 창업의 장렬함

역사는 반복되지 않으나 운율을 맞춘다.

미국 작가 마크 트웨인의 말이라고 한다. 역사의 일들이 똑같이 되풀이되는 것은 아니지만 놀라울 정도로 흡사할 수 있다는 뜻이다.

알트라의 창업도 그랬다.

나이키를 공동 창업한 빌 바우어만이 러너에게 더 쾌적한 신발을 만들자는 아이디어를 각종 슈즈 브랜드에 편지로 제안했을 때 어느 회사도 받아들이지 않았던 것처럼.[5] 또 근래에는 ON 창립자가 실은 창업 전에 나이키에 새로운 솔 쿠션을 제안

---

5   NIKE, (2024), "Bill Bowerman: Nike's original innovator"

했다가 거절당한 것처럼.[6]

대형 슈즈 제조회사 어느 한 곳도 브라이언과 골든을 상대해 주지 않았다(정확히 말하면, 훗날 그들의 아이디어를 몰래 적용해 같은 모델을 자체 생산한 대기업도 있었지만).

'우리가 만드는 수밖에 없다.' 그렇게 결심하고 분발한 것까지는 좋았으나 시골 청년들이 백지 상태에서 슈즈 브랜드를 시작하는 것은 너무나 험난한 길인 게 당연했다.

2009년 7월 하순. 브라이언과 골든은 '아웃도어 리테일 트레이드 쇼'에 발걸음을 옮겼다. 신발 업계의 거인들이 모이는 대규모 전시회였다. 디자이너, 개발자, 브랜드 오너 등 업계 관계자들과 이야기를 나누고 싶었다. 뉴발란스, 브룩스 등등 모든 브랜드와 말이다.

그들에게 '이런 신발을 꿈꾸고 있습니다'라며 개조한 신발, 특히 굽을 보여주려고 했다. 하지만 현실은 냉혹했다.

"누구 하나 귀담아듣지 않았습니다."

브라이언 벡스테드는 말했다. 여러 브랜드의 현지 지점과도 이야기를 나눴지만 마찬가지였다. 냉담한 반응만이 돌아왔다.

---

6 나카무라 나오후미(中村直文), 「나이키에 거절낭해 세세석 브랜드로, 온(On) 칭엽 '괘배로부터이 반발」, 『日本経済新聞』, 2024년 4월 18일.

"그런 건 안 팔려."

그날 이후 둘은 제힘으로 할 수 있는 일을 고심하게 되었다. 매주 목요일은 직장을 쉬고 오전에 스키와 러닝으로 몸을 덥힌 다음 12시간 내내 아이디어를 주고받았다. 신체를 움직이고 난 뒤에 일한 점 역시 인간의 자연스러운 존재 방식을 깊이 생각해온 두 사람답다. 그들은 다른 브랜드의 신발을 분해하면서 무엇이 효과적이고 무엇이 기능하는지 끊임없이 실험했다.

테스트를 계속하는 브라이언 백스테드 (사진: 알트라 제공)

마침내 만족스러운 시제품이 완성되었다. 남은 일은 공장에 발주하는 것뿐. 7만 달러가 추가로 필요했다.

그러나.

"정말 그 누구도 투자를 안 해주더군요."

브라이언은 쓴웃음을 짓는다.

2010년경 당시, 세계는 혼돈에 빠져 있었다. 지중해 연안에서 화염병이 난무하고 긴축재정에 분노하는 반란의 불길이 온 거리에 번졌다. 바로 '그리스 재정 위기' 시기였다. 미국 또한 그러한 불황의 한복판에서 어두운 그림자로 뒤덮여 있었다. 시련의 역풍 속에서 두 사람은 죽기 살기로 동분서주했다. 비즈니스 인맥 플랫폼 링크드인에서 투자가를 샅샅이 뒤져 끈질기게 메일을 보냈다. 관심을 보인 투자자를 만나기 위해 희망을 품고 캘리포니아까지 날아가기도 했다.

그러나 문은 굳게 닫혀 있었다.

브라이언은 지푸라기라도 잡는 심정으로 아버지에게 상담했다.

"돈 있는 친구분이나 친척은 없으세요? 누구라도 좋으니 이야기하고 싶어요. 우리는 필사적이에요."

뭐가 됐든 도와달라고 호소했다. 꿈을 포기할 수 없다는 간절함이 절절히 묻어났는지도 모른다.

그리고 일주일 뒤. 사태는 급전개를 맞는다. 갑자기 아버지가 브라이언에게 7만 달러짜리 수표를 건넸다.

"이것이 네 몫의 유산이다. 이제 내가 죽어도 더 줄 건 없다."

당시 브라이언은 일을 그만둔 상태였다. 6개월 된 아기가 있었지만 월세를 낼 여유가 없어 본가 지하실에 살았다. 그 정도로 절망적인 와중에 아버지가 집을 담보로 잡히면서까지 자금을 확보해 구원의 손길을 내민 것이다.

그 이야기를 할 때면 브라이언의 눈에는 옅게 눈물이 맺혔다. 소중한 7만 달러는 공장에 지불하여 여섯 개의 프로토타입

창업 당시의 브라이언 벡스테드(가운데)와 공동 창업자 골든 하퍼(왼쪽) (사진: 알트라 제공)

을 제작하는 데 썼다.

"무엇보다 멋졌던 점은 어느 누구도 우리를 비웃지 않았다는 것입니다. 가족과 친구들이 저희 아이디어를 웃음거리로 여기지 않고 '힘내'라며 응원해주었죠. 과연 성공할까 의심했을 수는 있지만요."

브라이언은 쓴웃음을 지으며 이어 말한다.

"그런데 신발 회사 같은 건 절대 시작하지 마세요. 스트레스가 상상 초월인 데다 리스크도 높습니다. 다시 하라고 하면 절대 못할 것 같아요."

특히 적절한 공장을 찾기가 아주 어려웠다. 실패도 여러 번 했다. 예상 밖으로 내구성이 떨어지는 신발을 만들어버린 적도 있다. 그래도 두 사람에게는 신발 업계에 '지금 필요한 것'이 보였고 "창업 타이밍도 완벽했다"고 브라이언은 말한다.

'우린 타사에 없는 특별한 독창성을 가지고 있다.'

두 사람은 확신했다.

신체를 '자연스러운 위치'에 두다

"신은 우리 발을 창조할 때 높은 굽 따윈 주지 않았습니다."

왜 제로 드롭이 중요한가. 재차 묻자, 대화는 점차 열기를 띠었다.

"무릎에 문제가 있는 사람은 전혀 줄지 않고 있습니다. 워커와 러너의 70%가 매년 어딘가 부상을 당한다고 합니다."

"그게 부자연스러운 신발의 영향이라고요?"

"네. 그렇게 확신합니다. 일반 신발은 굽이 높아 자세가 무너져버려요. 신체를 자연스러운 위치에 두는 것이 등과 무릎을 살리는 길입니다."

브라이언은 그렇게 어조를 높였다.

듣고 보니 매일 신고 다니는 신발의 굽이 높으면 확실히 신체에는 불필요한 부담이 갈 터다. 하지만 그럼에도 시장은 드롭이 높은 신발로 넘쳐난다. 제로 드롭 슈즈가 효과적이라면, 왜 그 사실이 퍼지지 않는 것일까.

브라이언은 그 질문에도 기다렸다는 듯 도도하게 대답했다.

"좋은 질문입니다. 주요 풋웨어 브랜드의 드롭은 13년 전만 해도 12~14mm였습니다. 그러나 지금 미국에서 발매되고 있는 신발의 평균 드롭은 7mm입니다. 즉, 모든 브랜드가 우리와 같은 방향을 향하고 있는 것입니다.

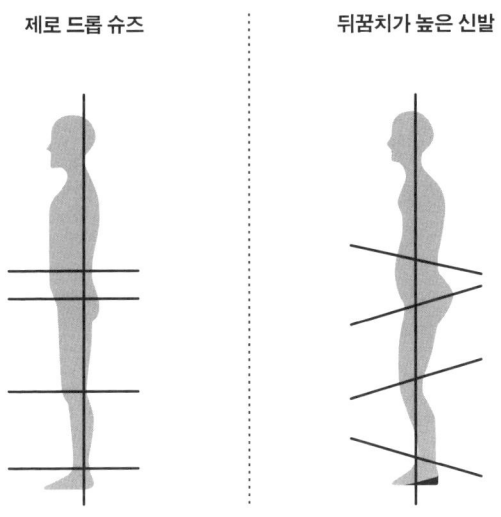

그림 10. 신발을 신었을 때의 자세 (알트라 웹사이트를 바탕으로 저자 작성)

다만 갑자기 드롭이 제로가 되지는 못하겠지요. 거대 기업은 그리 쉽게 변할 수 없습니다. 드롭 슈즈를 수십 년간 계속 만들어왔으니까요. 유타주의 작은 신발 브랜드가 옳았다고 인정할 수는 없을 테죠.

하지만 그래도 조금씩 제로 드롭에 점점 가까워지고 있습니다. 이것이 지금 신발 업계에서 일어나고 있는 일입니다."

2009년 창업 초기, 알트라는 연구 논문으로 그 효과를 증명하려고 했다. 그런데 연구실이나 대학을 통해 진행하려면 수년이 걸리고 비용도 많이 든다는 것을 알게 됐다.

"억울했죠, 돈이 없다는 게."

그도 골든도 당시 아직 20대였고, 브라이언 자신은 9남매 중 막내로 집안 형편도 넉넉하지 않았다(그런데도 아버지는 집을 담보로 프로토타입 제작비 7만 달러를 마련해주었던 것이다).

게다가 그들은 오래 기다릴 생각도 없었다. 무엇보다 두 사람이 직접 실시한 조사에서 드롭의 영향이 명확하게 드러났다. 훗날 하버드 대학의 논문에서 높은 드롭이 신체에 가해지는 충격을 높여 부상을 초래할 가능성을 시사했다는 점은 앞서 설명하였다.

'사람들의 발을 치유하고 싶다.' 그 바람으로 두 사람은 의료 분야가 아니라 신발 회사를 차리는 선택을 했다. 다행히 지

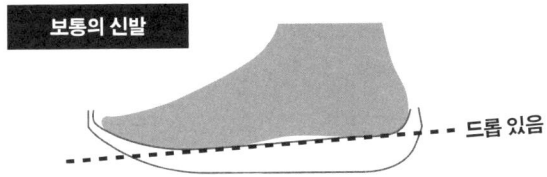

일반적인 신발은 뒤꿈치 쪽이 더 높아, 몸을 앞으로 조금만 내밀어도 전진하는 추진력이 생긴다. 그러나 뒤꿈치 쪽의 무게가 뒤꿈치 착지를 유도하고, 그 결과 허리와 무릎에 부담이 가게 된다.

그림 11. 드롭의 영향

금의 알트라에는 전담 의료 코디네이터가 있다. 의사와 협력해 제로 드롭 또는 낮은 드롭이 효과적인지 증명하는 연구를 진행 중이다.

다만 그 성과를 대외적으로 크게 주장하는 데까지는 이르지 못했다. 때마침 어떤 베어풋 슈즈 브랜드가 건강 효과를 과장했다는 이유로 소송을 당하면서, 신발 업계는 마케팅을 신중하게 해야 한다는 교훈을 얻었다.

알트라 역시 제3자의 인증을 얻기 위해 신중하고 세심하게 움직이고 있다고 한다. 그러나 연구 결과를 기다리지 않더라도, 여타 브랜드들도 그 효과 자체는 이미 알고 있다.

발가락 공간이 넓은 토박스에 대해서도 마찬가지나. 현재의 신발은 발가락을 압박하고 휘어지게 하는데, 이야말로 부자연스럽기 때문이다.

알트라의 가설

내가 알트라의 독창성에 이토록 주목하는 이유는 이들이 '제로 드롭'이라는 개념을 만들어낸 데에서 멈추지 않고 '**풋셰이프** Footshape'라는 또 하나의 새로운 개념을 만들었다는 데 있다. 이 역시 바람직하고 자연스러운 인간의 모습을 근본부터 되돌아본 작업의 산물이다.

풋셰이프란 말 그대로 '자연스러운 맨발(베어풋)의 형태'를 뜻한다. 현대의 신발 형태 '슈셰이프'와 정반대를 지향한다는 의미로 이름 지었을 것이다. 지금까지 말했듯 신발 모양에 인간이 맞추는 즉 좁은 신발 속에 인간의 발을 밀어 넣는 현대의 전족이 아니라, 인간의 발 모양에 신발을 맞추기 위해서. 또 발가락이 올바르게 움직일 수 있도록, 인간이 본래의 신체 기능을 다 쓰도록 하기 위해서.

알트라의 가설은 이랬다. 자연스러운 발 모양이 살아 있어야 인간의 발에서 가장 소중한 아치 구조(발바닥 장심)가 제 기능을 다한다. 실제로 발가락, 특히 엄지발가락의 중요성은 많은 연구에서 드러난다. 엄지발가락을 사용하면 발의 안정성이 비약적으로 향상된다. 발과 다리의 정렬이 안정되고 자연스러운 아치가 유지된다.

브라이언은 그동안 내가 품어왔던 의문에 정면으로 답해주었다.

기존의 신발은 발가락을 좁은 공간에 밀어 넣는 형태(슈세이프)였다. 풋세이프는 이와 반대로 자연스러운 맨발(베어풋) 형태를 한 신발을 뜻한다.

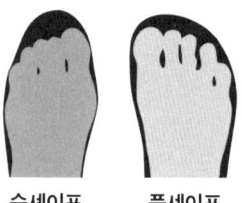

슈세이프   풋세이프

횡 아치

종 아치

아치의 역할
1 충격 흡수
2 반발
3 안정

이 자연스러운 발 형태에 의해 가장 중요한 발의 아치 구조(발바닥 장심)가 본래의 기능을 다한다고 알트라는 생각한다.

그림 12. 풋세이프

"발에서 가장 중요한 것은 이 아치 구조입니다. 그리고 엄지발가락을 제대로 사용할 수 있다면, 많은 신발에서 보이는 과도한 아치 서포트는 애초에 필요 없을 것입니다. 지난 13년간 이 내용의 연구는 확실히 진전되어 왔습니다."

물론 외부의 근거나 연구 자료에만 의존하지 않고 우리 스스로도 재차 검증을 했다. 동료 기자인 다카하시 도모카가 한 달간 직접 알트라와 비보베어풋의 풋셰이프 신발을 신고 하루 평균 1만 보, 합계 30만 보를 걸으며 실험 기록을 남겼다. 그리고 평소에는 하이힐이나 펌프스같이 뾰족한 구두만 신었던 그녀의 발 모양이 이토록 훌륭하게 변한 결과를 눈앞에 보여주었다.

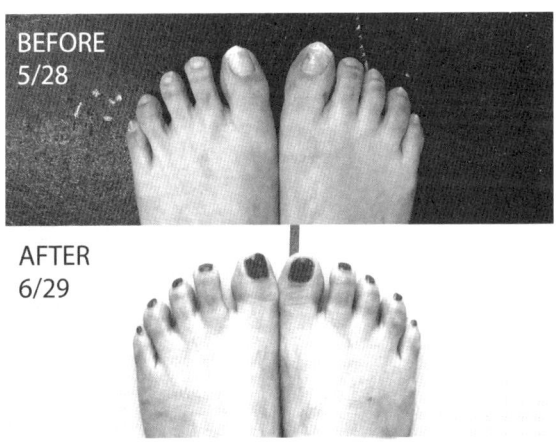

그림 13. 베어풋 슈즈 생활 1개월 후 발의 변화. 엄지발가락 위치가 바뀌었다.

약간 바깥쪽으로 휘어 있던 양 엄지발가락이 자연스러운 위치로 돌아와 두 발을 나란히 놓으면 서로 맞닿을 정도가 된 것이다.

이제는 풋셰이프의 물결이 업계 전체에 소리없이 퍼져나가는 중이라고 한다. 대부분의 브랜드가 대외적으로 크게 이야기하지는 않지만 토박스를 점차 넓혀가고 있다는 것이다. 단지 '풋셰이프'라는 용어를 쓰지 않을 뿐이라고 브라이언은 말한다.

실제로 러닝과 워킹 이외의 분야에서는 이미 인기 브랜드가 등장했다. 버켄스탁, 크록스가 좋은 예다. 무엇보다 소비자는 솔직해서, 이미 제로 드롭이나 풋셰이프 신발을 즐겨 선택하기 시작했다.

그렇다, **베어풋 슈즈**의 융성기다.

베어풋 슈즈 열풍은 왜 끝났을까?

 베어풋 슈즈는 이름 그대로 맨발(베어풋) 같은 감각으로 걸을 수 있는 신발이다. 알트라의 제품처럼 제로 드롭이나 풋셰이프를 특징으로 한다. 현대 신발이 과도할 정도로 기능성을 탑재하고 있는 데 반해, 최소한의 필요한 기능만 있다는 의미에서 "미니멀리스트 슈즈"라고도 불린다.

 이것이 지금 다시 한 번 각광을 받고 있다. 전 세계에서 새로운 베어풋 슈즈 브랜드가 잇달아 탄생했다(그림 14). 발의 해방을 요구하는 목소리가 큰 파도가 되어, 서서히 그러나 확실하게 번져가는 중이다.

 "다시 한 번" 각광을 받는다고 한 것은 사실 과거 2010년경에도 세계적인 베어풋 슈즈 열풍이 불었기 때문이다. 시험 삼아

브랜드 이름	창업 연도 / 나라
Vibram Five Fingers	2002년 / 이탈리아
Xero shoes	2009년 / 미국
Lems Shoes	2010년 / 미국
Luna sandals	2010년 / 미국
Bedrock Sandals	2011년 / 미국
Vivobarefoot	2012년 / 영국
Skinners	2014년 / 체코
Be Lenka	2017년 / 슬로바키아
Splay Athletsics	2018년 / 미국
Groundies	2019년 / 독일

그림 14. 주요 미니멀리스트 슈즈 브랜드

구글 트렌드에서 "barefoot shoes"라고 치면 이번이 두 번째 붐인 것을 분명히 알 수 있다(그림 15).

첫 번째 열풍의 불쏘시개가 된 것은 한 권의 베스트셀러 『본 투 런 BORN TO RUN』이었다.

이 책은 달리는 멕시코 민족 '타라우말라족'을 다룬 내용으로, 바로 여기서부터 '베어풋 러닝 붐'이 일어났다. 전 세계에 이 책을 계기로 탄생한 신발 브랜드가 수두룩하다. 제로슈즈Xero shoes, 루나샌들Luna sandals도 그렇다.

제로슈즈의 창업자는 미국 콜로라도주 출생으로, 단거리 달

그림 15. Google에서 검색한 베어풋 슈즈와 미니멀리스트 슈즈의 주목도 추이(미국) (출처 : Google 트렌드)

리기에서 톱클래스 선수 중 한 명이었다. 그 역시 발이 망가져 고민하던 중 『본 투 런』을 만나 맨발의 매력을 추구해나간 인물이다.[7] 또 『본 투 런』의 주인공 테드 맥도날드, 일명 '베어풋 테드(맨발의 테드)'가 타라우말라족의 신발에 영감을 받아 만든 것이 루나샌들이다.[8]

알트라의 경우, 이 책의 대박으로 순풍을 맞았다. 브라이언

7　XERO SHOES, "The Xero Shoes Story』.
8　LUNA SANDALS, 브랜드 스토리.

벡스테드가 "창업 타이밍도 완벽했다"고 한 말은 이 일도 염두에 둔 것이다. 알트라가 사업을 시작한 때는 2009년이고, 『본 투 런』은 그해 말에 출판되어 2010년 미국에서 인기를 얻었다. 봄 무렵부터 화제가 되어 여름 즈음에는 베어풋 슈즈가 붐을 이룰 정도였다.

"이 책 덕분에 알트라에 대한 관심이 높아진 것은 틀림없습니다"라고 브라이언은 말한다.

단지, 당시의 붐은 신발 자체보다는 '러닝'이 중심이었다. 브라이언과 골든은 맨발이나 베어풋 슈즈를 신고 달리는 것보다 '자연스러운 자세'가 중요하다고 그때도 생각했다. 현대 신발에 익숙한 사람이 갑자기 베어풋 러닝을 하는 것은 현실적이지 않았기 때문이다.

실제로 베어풋 슈즈를 신어보면 알 수 있는데, 밑창이 상당히 얇아서 걸을 때 충격이 전신에 바로 전달된다. 그 상태로 갑자기 달리다가는 현대인의 발이 견디지 못하고 무릎이 망가지거나 온몸으로 보완하다가 자세가 나빠지기도 한다.

그래서 붐은 장기적으로 이어지지 못했다. 특히 장거리 하이킹과 러닝에서는 베어풋 슈즈를 신기 어렵다는 이야기가 많이 들렸다. 이는 곧 현대인의 발이 이미 망가져 있다는 반증이기도 했다.

사건이 일어난 것은 그로부터 얼마 지나지 않아서였다. 베어풋 슈즈의 대명사 중 하나였던 'Vibram FiveFingers(비브람 파이브핑거스)'가 건강 효과를 과장했다며 미국에서 집단소송이 벌어진 것이다. 2012년의 일이다. 이리하여 각지의 매장에서 상품이 자취를 감추고 붐은 사그라졌다.

쿠션의 의미

You are the Technology.

(당신이 바로 테크놀로지다.)

비브람 파이브핑거스 신발을 구입하면 저 메시지가 새겨진 스티커가 동봉돼 있다. 이름 그대로 다섯 개의 발가락을 개별적으로 감싸는 독특한 디자인의 신발이다. '신발을 신는 인간의 신체 자체가 테크놀로지이며 신발은 어디까지나 보완하는 존재에 지나지 않는다.' '두꺼운 밑창 같은 인공적인 도움에 의존해서는 안 된다.' 그런 생각이 전해진다.

착화감은 극히 좋아서, 다른 베어풋 슈즈와 분명 차이가 있다. 나도 마음에 들어 즐겨 신는 신발 중 하나다. 그런데 왜 소

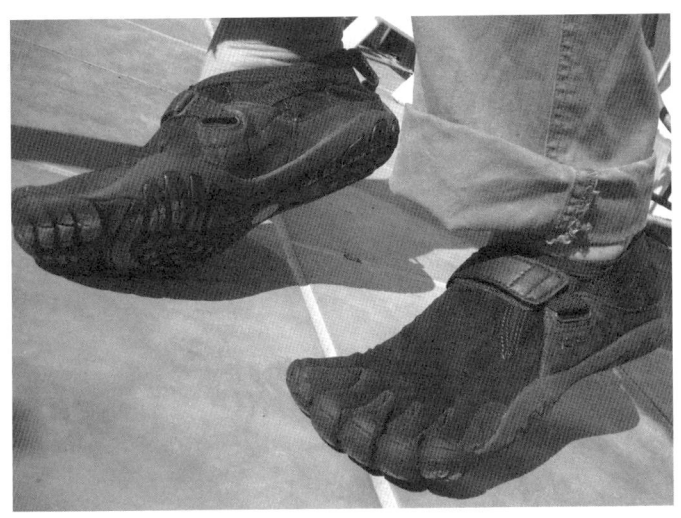

Vibram FiveFingers의 신발. 집단소송은 구매자에게 환불하는 방식으로 원만한 합의를 보았다. (사진: Eyesighter, Wikimedia Commons)

송 같은 일이 벌어졌을까.『본 투 런』의 내용을 성급히 오해한 많은 사람들이 이 신발을 신고 갑작스럽게 로드 러닝에 나섰고, 그 결과 부상이 다수 발생했다.

비브람 파이브핑거스 사건에 관해 사실 흥미로운 이야기가 있다. 2006년 아웃도어 리테일 트레이드 쇼에서의 일이다. 브라이언과 골든은 거기서 한 브랜드의 신발을 발견했다. 해당 부스에서는 보트와 세일링용으로 광고하고 있었지만, 두 사람은 그 신발이 러닝에 최적이라고 생각했다.

브라이언은 고교 시절인 1997년부터, 골든은 그보다 더 이전부터, 러닝을 마친 후에는 늘 신발을 벗고 잔디 위에서 맨발로 스트라이드Stride(짧게 전력 질주)와 랩Lap(트랙 한 바퀴 돌기)을 했다. 그만큼 발을 강화시키는 일이나 베어풋 러닝의 효과에 줄곧 몰두해온 두 사람이었다. 그랬기 때문에 보자마자 그 신발이 몸풀기 러닝과 트레이닝에 최적이란 걸 알았다. 발을 위험에 빠뜨리지 않고 튼튼히 만들어주리란 것을 말이다.

그 브랜드가 바로 비브람 파이브핑거스였다. 당시 두 사람이 일하던 가게 '러너스 코너'는 세계 최초로 비브람 파이브핑거스를 입점한 러닝 스토어가 되었다.

처음 "제품을 가게에 두고 싶다"고 했을 땐 "러닝 용품 가게라면서요"라는 쌀쌀맞은 거절이 돌아왔다고 한다. "안 팔릴 거예요"라는 말과 함께.

설득 끝에 신발을 가게에 들인 두 사람은 신중하고 진지하게 이를 다루었다. '발을 강화하는 용도'를 강조해 일반 러닝화와 2족 세트 구성으로 팔았다고 한다.

베어풋 슈즈의 첫 번째 붐이 꺼지며 각지 매장에서 상품이 빠진 뒤에도 그런 신발을 신고 싶어 하는 얼리 어답터들의 니즈를 수용하면서 알트라는 성장을 거듭했다.

그리고 지금, 다시 한 번 베어풋 슈즈의 물결이 찾아오고 있다.

"이번에는 더 잘할 수 있을 것 같아요."

브라이언은 그렇게 견해를 드러냈다.

"2010년의 붐 때는 부상이 많이 발생했지만 지금은 신발 업계도, 사람들도 그때보다 지식이 깊어졌습니다. 게다가 지금의 베어풋 슈즈, 미니멀리스트 슈즈 붐은 러닝보다는 발의 강화, 건강, 라이프 스타일이라는 맥락을 따르고 있습니다. 이야말로 우리가 창업할 때 생각했던 것입니다."

"다만……" 하고 그는 덧붙인다. 솔의 쿠션성에 관해 브라이언은 "여전히 쿠션은 중요하다"고 말한다.

엄밀한 정의는 없더라도 대개 좁은 의미의 베어풋 슈즈는 '솔이 얇아 지면의 감각이 더 직접적으로 전해지는 형태'만을 가리키기 때문이다. 앞서 언급한 미국의 족병 전문의 레이 맥클라나한에 따르면, 베어풋 슈즈는 다음과 같은 특징을 지닌다.

- 제로 드롭
- 풋셰이프
- 유연함(복잡한 발 근육과 관절을 쓸 수 있음)
- 아치 서포트가 없음(본래의 발 근육을 쓸 수 있음)
- 솔이 얇음(지면의 느낌이 전해짐)

맥클라나한 역시 밑창이 얇다는 것을 베어풋 슈즈의 특징 중 하나로 꼽고 있다.

이에 대해 알트라는 현대의 노면 상황, 사람들이 전통적인 신발에 익숙해져 있는 현실, 특히 무지외반증이나 종자골염 등 발 앞쪽에 이미 문제를 안고 있는 경우가 많은 점 등을 감안할 때 신체 균형과 자세를 잡는 데는 밑창 쿠션이 필요하고 또 효과적이라 생각한다.

지금껏 계속 쿠션성이나 서포트 기능이 높은 슈즈를 신고 있던 현대인은, 제로 드롭 슈즈 혹은 미니멀리스트 슈즈로 이행할 때 우선은 자연스러운 걸음걸이를 몸에 익힐 필요가 있다

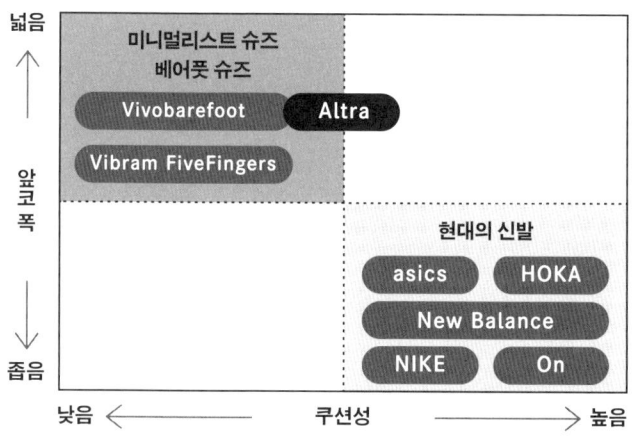

그림 16. 알트라의 포지셔닝 (취재를 통해 저자 작성)

(이 단계를 '트랜지션'이라고 부른다). 요컨대 재활 기간이 필요하다는 것이다. 이것이 지난번 붐에서 얻은 교훈이기도 하다.

이런 재활을 위해서도, 알트라는 자연 그대로의 발 모양과 전통적인 착화감(쿠션성)을 겸비한 '중간 지점'을 목표로 하고 있다.

"우리 스스로 미니멀리스트 슈즈 기업이라고 칭하지는 않습니다. 우리는 '자연스러운 자세'를 지향하는 기업입니다. 미니멀리즘에 대한 관심이 높아지면 물론 호재겠지요."

덧붙여 브라이언은 상당한 장거리를 걸을 경우 바닥이 얇은 좁은 의미의 베어풋 슈즈보다 적당한 쿠션성이 있는 슈즈가 더 적합하다고 주장한다.

장거리 하이커들의 신발 랭킹

흥미로운 랭킹이 있다. 미국의 3대 롱 트레일의 하나, 애팔래치아 트레일을 완보完步 Through Hike한 하이커들이 실제로 신은 신발의 점유율 순위다.

총거리 약 3500km, 스루하이크 하는 데 소요되는 기간은 (하루에 24km 걷는 페이스 기준) 약 5~7개월인 실로 경이로운 롱 트레일이다. 그렇게 몇 달 내내 걷는 스루하이커들 사이에서 오랜 세월 점유율 1위를 자랑하는 것이, 뭔가 비기가 있는 듯한 알트라 슈즈다. 확실히 브라이언의 주장대로 초장거리 걷기처럼 발에 고도의 부하가 걸릴 게 예상되는 경우 '좁은 의미의 베어풋 슈즈보다는 어느 정도 쿠션성 있는 슈즈가 좋다'고 경험 많은 하이커들이 판단한다는 증거일 것이다.

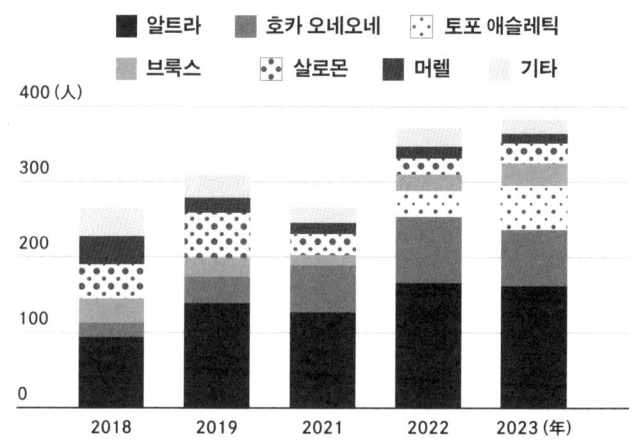

그림 17. 애팔래치아 트레일을 완주한 하이커들의 신발 점유율 (출처: Appalachian Trail: Thru-Hiker Survey(연도별))

그리고 알트라 슈즈 중 애팔래치아 트레일에서 절반의 점유율을 차지하는 것이 대표작 '론픽' 시리즈다.

2011년, 자신의 재산과 인생 모든 것을 쏟아부은 '론픽'의 시제품을 신고 무릎과 허리 통증 없이 트레일 레이스를 완주했을 때 브라이언은 감격에 겨워 눈물을 흘렸다고 한다. 현재까지도 창업자인 그가 직접 시제품을 테스트하며 제품을 계속해서 개선하고 있으니, 그야말로 신발의 궁극적인 이상理想을 시험하고 있다고 할 수 있다.

론픽 시리즈에 대해 질문했을 때 브라이언은 특히나 열기를 띠었다.

"론픽은 정말, 정말로, 제 자식 같은 존재예요."

론픽은 원래 트레일 러너용이었다고 알려졌지만, 정확히는 다르다. 실은 유타주 산맥을 지나는 100마일(약 160km)의 울트라마라톤 레이스 '와사치 100' 대회용으로 만들었다고 한다. 바위투성이에 경사가 가파른 산이기에 많은 구역을 달리기 대신 하이킹으로 지나게 된다. 스루하이커가 이 신발을 마음에 들어한 건 놀랍지 않다.

무엇보다, 광고를 하지 않았는데도 스루하이커가 샀다는 것

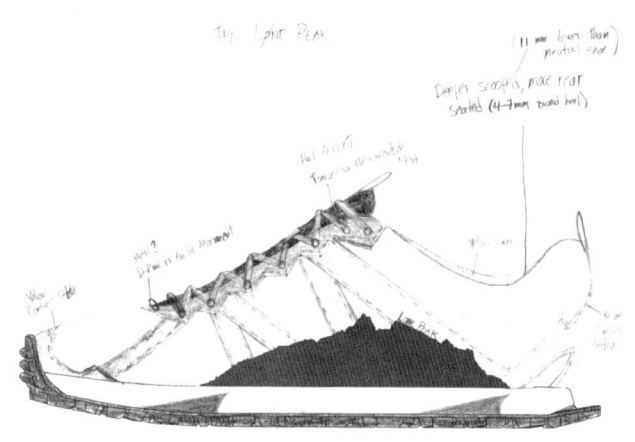

1세대 론픽의 디자인 (사진: 알트라 제공)

은 알트라로서는 기쁜 서프라이즈였다. 지금도 브랜드를 든든히 지탱해주는 스루하이커들은 하늘이 내려준 선물인 셈이다.

"하루 종일 걸으려면 발가락에 충분한 공간이 필요할 거예요. 빨리 달리기 위한 신발을 만든 게 아닙니다. 장거리를 쭉 이동하기 위한 신발입니다."

사실 이 론픽이야말로 내가 처음 만난 알트라의 신발이자, 아들이 발에 아무런 불편함을 느끼지 않고 장거리를 계속 걸을 수 있게 한 마법의 신발이다. 가슴속에 그동안 품었던 의문이 얼음 녹듯 사라졌다. 라틴어로 '고치다'를 뜻하는 알트라의 사명에 담긴 메시지, '발의 자유를 되찾는 혁명'의 상징인 이 신발은 알트라가 성공한 최대의 이유가 되었다.

여기서 나는 조금 무례한 질문이 떠올랐다. 기자의 나쁜 버릇이기도 한데, 꼭 그의 답을 듣고 싶어 묻지 않을 수 없었다.

론픽은 토요타 자동차로 치면 '프리우스' 같은 존재다. 혹시 론픽에도 '레오나르도 디카프리오가 애용하는 그 제품!' 같은 흥미로운 캠페인은 없을까?(레오나르도 디카프리오가 '프리우스'를 타고 나타나 화제가 된 적이 있다―역자 주).

"아, 디카프리오가 알트라를 자주 신고 다니는 것을 보셨군요?"

인터뷰를 참관하던 현장 관계자들 사이에 술렁임이 일었다.

찾아보니 정말 론픽을 신고 있는 디카프리오의 사진을 Reddit에서 확인할 수 있었다. 스폰서 계약을 한 것도 아니고, 어떻게 구해 신었는지 알 수 없다고 한다.

"그래서 브랜드 광고에 그의 이름이나 초상권을 쓸 수는 없네요."

브라이언은 웃으면서 그렇게 말했다. 어쨌든 알트라가 성공한 것은 마케팅이 성공해서가 아니라는 것이다. 거액의 돈을 쏟아부은 적은 한 번도 없다. 브라이언의 눈에는 수많은 시련을 딛고 제품을 빚어낸 자만이 가질 수 있는 자신감과 조용한 긍지가 깃들어 있었다.

풋웨어 업계의 '다음 물결'

슈즈 시장은 대형 브랜드들이 거액의 자본을 등에 업고 막대한 마케팅 비용을 퍼붓는 세계다. 만만치가 않은 곳이다. 실제로, 키즈용 론픽은 생산이 종료되었다(덕분에 나는 곤란해졌지만). 도대체 어떻게 해야, 사람들이 굳게 믿어 의심치 않는 '현대 신발'의 신화를 새롭게 써 내려갈 수 있을까.

"돈으로는 못 이깁니다."

브라이언은 담백하게 말한다. 그 태도는 창업한 지 13년, 세계 50개국 이상에 진출하며 성장해왔다는 자신감의 반증이기도 할 것이다.

그는 미래에 대해서도 비관하지 않았다. 근 몇 년 사이 기세 있는 신생 브랜드들이 등장하고 있기 때문이다.

예전 같으면 새로운 브랜드가 진입하는 일은 꿈도 못꿨다. 미국은 기본적으로 나이키, 아디다스, 브룩스, 아식스, 미즈노, 사카니, 뉴발란스라는 큰손끼리만 싸우는 세계였다. 장장 40년 동안이나 말이다.

알트라가 창업할 무렵의 신발들은 어느 브랜드나 같은 외형에, 같은 엔지니어링이었다. 그에 비하면 오늘날의 신발 업계는 훨씬 나은 상태라고 할 수 있다. 전통적인 풋웨어와는 다른 HOKA, ON, 알트라가 돌연 미국 7대 브랜드 반열에 오르며 경직됐던 업계 자체를 크게 바꾸고 있기 때문이다.

"앞으로는 미니멀리스트 슈즈 브랜드 중 두드러지는 기업이 나올 것입니다. 세계에선 지금 '신발의 재검토'가 요청되고 있다는 생각이 들어요."

신발의 재검토. 신발을 다시 생각한다는 그 말에 나 역시 확신이 깊어졌다. 세계는 분명히 새로운 방향으로 움직이기 시작했다.

지금껏 진자는 늘 요동쳤다. 2000년대는 딱딱하고 아치 서포트성이 높은 신발이 주류였다. 이후 2010년경 미니멀리즘에 한번 흔들렸다가, 다시 최대화된 쿠션(두꺼운 밑창)으로 돌아왔다. 그리고 지금, 진자가 또다시 돌아와 있음을 우리는 보고 있다.

두각을 나타내는 브랜드 수가 많아져서만은 아니다. 비보베어풋의 예를 보면 실속 있는 성장 흐름이 뚜렷하다. 최근 몇 년간 매출이 꾸준히 상승세를 이어왔으며 2023년 매출은 7,300만 파운드(약 1,351억 원)에 달했고, 세후 이익도 100만 파운드(약 18억 원)으로 흑자를 내고 있다.

비보베어풋은 사회와 환경을 생각하는 기업에만 주어지는 'B Corp' 인증도 얻었다. 일본에 B Corp의 보급을 추진하고 있는 단체에 따르면, 이 브랜드는 인증기업 중에서도 공급망 관리 같은 항목에서 높은 점수를 획득하고 있다고 한다. 마찬가지로 B Corp의 슈즈 브랜드로서 한 세대를 풍미한 올버

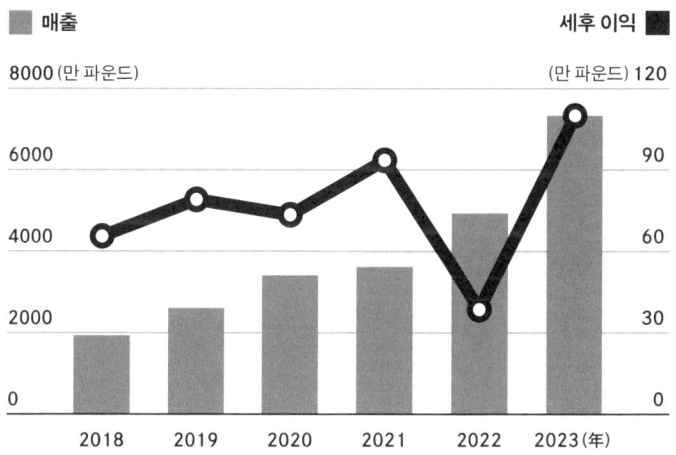

그림 18. Vivobarefoot의 매출과 이익 추이 (출처: Vivobarefoot 공식 리포트)

즈Allbirds조차도 지금 적자니까, 비보베어풋이 얼마나 소리없이 몸집을 불리고 있는지 알 수 있다. 2023년엔 전 세계에서 99만 5000켤레를 팔았다(전년 대비 28% 증가).

브라이언은 말한다.

"풋웨어의 다음 물결은 아마 미니멀 쪽으로 기울게 될 것입니다."

BORN TO WALK

 신발 업계는 서서히 변화의 조짐을 보이고 있지만, 그럼에도 불구하고 직립 이족보행의 역사에 비춰보면 인간이 걷는 시대는 과거의 일이 돼가고 있다.

 "그것참, 좋은 지적이군요"라며 브라이언은 바짝 몸을 내밀었다. 이 장대한 주제야말로 내가 신발을 깊이 추적해온 배경이었으나, 알고 보니 나만의 관심사가 아니었다. 알트라 역시 그 주제를 계속 좇아왔다는 것이다.

 "인간은 밖에 나감으로써 내면이 풍요로워집니다. 자연에서 보내는 시간이 늘면 늘수록 건강하고 행복해질 수 있습니다. 그것이 제가 만든 모든 신발에 담아낸 마음가짐입니다."

 알트라의 존재의의Purpose로는 이런 메시지가 새겨져 있다.

자연스러운 움직임에 관해 전 세계 사람들에게 영감을 주어 인간의 잠재력을 폭발시킨다.
(Unleashing human potential by inspiring the world to move naturally.)

그들의 가치관^{Value} 중 하나로 'DISCOVERY(발견)'라는 항목이 있는데, 이렇게 기록되어 있다.

나 자신과 주변 세계를 발견하기 위해, 움직이자.
(Move to discover more of ourselves and the world around us.)

러닝이 출발점이었던 이들이 '뛰자'가 아니라 '움직이자'고 호소하는 것도 의외였다. 항상 달리는 것은 현실적이지도 않고 필요하지도 않기 때문이라고 한다. 그래서 걷는 것이 중요하다고 브라이언은 말했다.

"오래 걸으면 걸을수록 먹을 것 생각만이 아닌 세상에 산적한 문제들부터 사적인 고민까지 오만 가지 생각이 머릿속을 떠다닙니다. 인간은 걷는 것으로 사고의 해방을 맞이하지요."

대화가 막바지에 이르렀을 무렵, 브라이언은 미국 건국의 아버지 중 한 사람인 존 애덤스의 이야기를 꺼냈다.

"그 역시 걸으면서 머리를 맑게 했던 인물입니다. 걷기에는 그런 힘이 있다고 생각합니다."

초대 부통령 그리고 2대 대통령으로서 미국의 독립을 이끈 이 인물은 "몸을 움직이느냐, 죽느냐다"라고 설파했으며, 하버드 대학을 졸업한 뒤 알코올 중독에 빠진 둘째 아들에게도 "매일 걸으라"는 편지를 보냈다. 그는 매일 10km의 산책을 하고 어디든지 걸어서 갔다고 한다. 흥미로운 점은, 마치 미래의 우리를 내다본 듯이 "앉아만 있는 자세를 조심하라"고 말했다는 것이다.[9]

특히 앉아서 일하거나 공부하는 생활을 하다 보면, 몸 안이 막혀 여러 문제가 생기기 마련이다. 그러니 그런 나태한 상태에서 자신을 일으켜 매일 반드시 산책하도록 해라. 밖을 걸을 수 없을 때는 방 안이라도 좋으니 걷는 게 좋다. (중략) 그리고, 같은 장소에 오래 앉아 있지 않도록 조심하거라. 가끔 일어나 창문을 열고 방 안을 몇 바퀴 걷고 나서 다시 책을 보거나 공부하면 좋다.

–존 애덤스가 찰스 애덤스에게 보낸 편지

1795년 2월 7일

---

9   Ohn Adams to Charles Adams, 1795.

브라이언은 건국의 아버지가 모든 것을 꿰뚫어보고 있었다는 사실을 일깨우듯 이렇게 매듭지었다.

　"우리 인간은 두 발로 돌아다니는 생물입니다. 소파에서 TV를 보거나 게임을 하며 앉아 있으려고 태어난 존재가 아닙니다."

Step 6
자연

문명과 함께 잃어버린 것

현실이 뭐야? 어떻게 정의하지?
만지고, 냄새 맡고, 맛보고, 바라볼 수 있는 것이라면
'현실'이란 뇌가 해석하는 전기신호에 지나지 않아.

–모피어스(영화 <매트릭스>)

불과 얼음의 섬

 북대서양의 외딴섬 아이슬란드. 그 남서부, 팍사만灣의 고요한 파도에 면한 수도 레이캬비크를 뒤로하고 나는 일곱 살 난 아들을 데리고 동쪽으로 향했다.
 '불과 얼음의 섬'이라는 별명을 가진 이곳 아이슬란드 땅을 찾은 목적은 하나. 문명, 도시화와 함께 우리가 무엇을 잃어버렸는지 몸으로 확인하기 위해서다. 대자연 속에 스스로를 던져 걸어나가며.
 버스는 황량한 비포장 대지를 4시간가량 망망대해의 작은 배처럼 나아간다. 옆에 앉은 아들은 익숙치 않은 흔들림에 이리저리 농락당해 결국 레이캬비크의 호텔에서 먹은 조식을 거의 남김없이 게워내고 말았다.

창밖에는 태고의 기억을 간직한 화산들이 즐비하다. 130곳의 화산 중 30곳 이상이 활화산으로, 지금도 정기적으로 분화하고 있다. 실제로 내가 귀국한 지 일주일 만에 분화가 발생했고 아이슬란드 국민보호 및 위기관리국은 위기 수준을 3단계 중 가장 높은 '긴급 단계'로 끌어올렸다.

그런 한편, 북극권으로부터 불과 40km 거리의 북대서양에 떠 있는 이 섬은 국토의 11%가 빙하로 덮여 있다. 하나의 섬에 이렇게 활화산과 빙하가 공존하는 경우는 지구상에서도 드물다. 시시각각 변화하는 풍경에 절로 눈이 휘둥그레진다.

"봐요! 채운彩雲이에요!"

한순간 아들의 목소리가 귀에 울렸다. 하늘을 올려다보니 정말 무지갯빛으로 아롱진 구름이 우리를 축복하듯 떠 있었다. 행운을 가져다주는 길조로 여겨지는 이 구름을 나는 처음 보았지만(사실 무엇인지도 몰랐다) 아이는 어디서 배웠는지 채운에 관해 열심히 설명해주었다.

4시간이 지나 우리의 목적지 란드만날라우가르Landmannalaugar 지열지대가 모습을 드러냈다. '사람들의 온천'이라는 뜻을 지닌, 자연 속에 걷는 것을 애호하는 하이커들의 성지로 알려진 곳이다.

아이슬란드 섬 중앙부를 남북으로 가로지르는 라우가베구

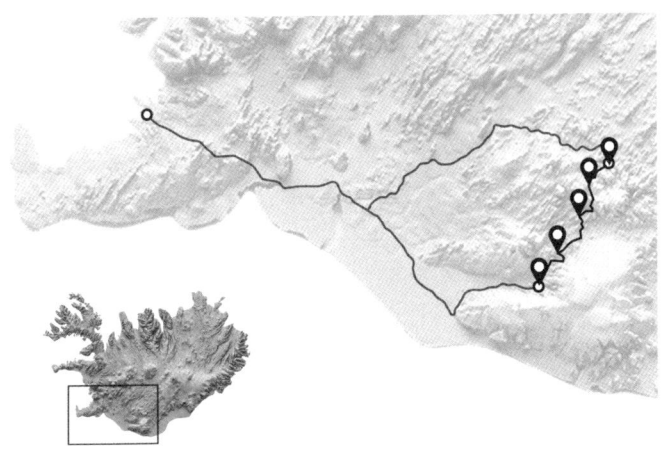

그림 19. 라우가베구르 트레일

르Laugavegur 트레일은 이곳 란드만날라우가르와 남쪽 쏘스모르크Þórsmörk 숲을 잇는 총 길이 55km의 길. 그렇다. 이곳을 4일간 걸을 계획이다.

왜 아이슬란드였는가 하면, 맹렬한 무더위에 곰도 서식하는 여름의 일본 산이나 한겨울의 남반구는 생명이 위험할지 모른다고 생각했고, 어차피 걷는다면 지금껏 본 적 없는 절경을 마주치고 싶었기 때문이다. 그럴더라도 독일의 등산 앱 Komoot(코무트)가 '상급자' 단계 배지를 붙인 트레일이다. 망설임이 없었다고 하면 거짓말이다. 하지만 일본 야쓰가나케선에서 가장 높은 아카다케(해발 2899m)봉을 1박 2일 만에 답파할 정도로 아이도 성장했기 때문에 그리 무모한 도전은 아니리라 생각했다.

그리고 그곳에는 지금의 내게 부족하고 결핍된 모든 것이 있다는 예감이 들었다. 그래서 자연 속을 계속 걸어나간다. 앉아서 구하는 배움으로는 결코 얻을 수 없는, 오감을 총동원한 배움. 그리고 아픔, 좌절, 행복이 모두 그 안에 있다.

나 자신을 짊어지는 법

시곗바늘을 되감아 약 한 달 전. 우리는 여행 채비를 시작했다.

그 시점부터 평소에는 전혀 생각하지 못했던 사항에 벌써 골머리를 앓게 된다. 바로 **에너지**다. 먼 이야기로 들릴지 모르지만, 사실은 우리 일상에 깊이 뿌리박고 있는 문제다.

놀랍게도 오늘날 우리는 인간이 자기 몸으로 만들어낼 수 있는 에너지의 40배 되는 외부 에너지를 소비하고 있다는 통계가 있다[1]. 게다가 이것은 챗GPT 등 대규모 언어 모델LLM이 세상에 나오기 이전의 계산이다. LLM의 학습 과정에는 100가구가 1년

---

[1] 요로 다케시(養老孟司), 나카무라 게이코(中村桂子), 이케자와 나쓰키(池澤夏樹), 하루야마 요시히코(春山慶彦), 『아이를 들에 던져라!: AI 시대의 지성 키우는 법』, 集英社, 2024.

에 쓰는 전력량 이상의 전력이 필요하다고 하니[2] 현재는 더더욱 엄청난 에너지 소비량이 됐을 것이다.

도시 생활은 우리로부터 몸을 사용할 기회를 빼앗고, 조명은 어둠을 밀어내고, 가스가 목욕물을 데우고, 에어컨이 실온을 조절한다. 버튼 하나로 물이 끓고, 불을 피우지 않고도 음식을 만들 수 있다. 심지어 이젠 뇌의 에너지를 그리 사용하지 않아도 AI가 정답을 도출한다.

이 모두가 사라진다면 어떻게 할 것인가?

원치 않아도 그 상상을 현실로 맞닥뜨린 경험이 바로 동일본 대지진과 원자력 발전 사고였다.

에너지를 어떻게 쓰며 살아야 할까. 이를 진지하게 생각하지 않았던 후폭풍이 온 나라를 덮은 게 겨우 10여 년 전이건만, 솔직히 말하면 그 기억이 빨리도 희미해지고 있었다. 그러던 중 이 여행 준비를 계기로 다시금 에너지 문제를 생각하게 된 것이다.

그야말로 의식주를 전부 짊어지고 걸어다녀야 하는 여행이었기 때문이다.

---

2 Vida Rozite, Jack Miller, Sungjin Oh. (2023). "Why AI and energy are the new power couple. The International Energy Agency".

불을 피우기 위한 가스 캔, 식량 같은 에너지 공급뿐만 아니다. 날씨와 무게를 고려해 옷, 침낭, 텐트도 신중하게 골라야 한다. 짐을 무겁게 짊어지고 걸으면 그만큼 피로와 부상을 유발하기 쉽고 자칫 중도 포기로 이어진다. 포기하고 싶다 해도 누가 차로 마중 나와주는 곳이 아니다. 최악의 경우는 닥터 헬기 수송인데, 당연히 그런 돈은 예산에 넣지 않았다.

필연적으로, 정말 필요한 '물건'은 무엇인가(아니, 무엇을 두고 갈 것인가)를 생각하게 된다. 첫째, 내가 걷는 데 필요한 영양가와 물의 양은 어느 정도인가? 무게와 연료 측면에서도 알맞고 효율적으로 조리해 섭취할 수 있으면서도 맛있는 것은? 이런 식으로 나의 체력이라는 에너지 그리고 짐으로 운반해야 하는 에너지 사이의 균형을 적절히 계산해야 한다.

이는 '칼로리'라는 에너지 개념에 바탕하여 **인간의 몸을 하나의 내연기관 시스템**으로 보는 일이기도 하다. 즉 어떠한 기상 상황에서, 얼마만큼의 짐을 짊어지고, 몇 km를 걸으면, 어느 정도의 칼로리를 소비할까. 이런 방식의 생각이다. 우리는 자동차의 연비 계산에는 능하지만 '나'라는 내연기관에 대해서는 어떤가.

예를 들면, 체중이 60kg인 사람은 10km 걸을 때 약 240kcal의 에너지를 소비한다. 우리가 걸을 때 어느 정도의 비용이 드는지 대략 알 수 있다. 구체적인 계산은 아래와 같다.

인간 보행의 평균 비용은 0.08mlO$_2$/kg/m이다. 어렵게 보일지 모르지만 의외로 간단하다. 요컨대 체중 1kg당 1m를 걷는 데 0.08ml의 산소(O$_2$)를 쓴다는 뜻이다. 이에 따라 체중 60kg인 사람이 10km를 걸을 경우,

$$0.08\text{mlO}_2/\text{kg/m} \times 60\text{kg} \times 10000\text{m} = 48000\text{mlO}_2$$

총 48리터의 산소를 소비한다(그래서 유산소 운동이다). 그리고 산소는 체내에서 음식(당질, 지방 등의 연료)을 연소하는 데 쓰이며, 그 과정에서 1리터당 약 5kcal의 에너지를 생성한다.
그러므로,

$$48\text{L} \times 5\text{kcal/L} = 240\text{kcal}$$

총 240kcal의 에너지를 생성하고 이를 소비하는 셈이다.
즉 장거리를 걸을 때는 통상의 기초대사(호흡과 심장의 활동 등), 행동에 드는 에너지(짐 정리, 텐트 설치, 짐 내리기 등)에 더해 이 정도의 추가 에너지 소비량을 함께 고려해야 한다.
마지막으로 이 에너지가 보행 중 구체적으로 어떻게 쓰이는지를 살펴보자. 크게 나누면 두 가지다.

① 근육을 움직이는 기계적인 에너지(보행을 위한 운동 에너지)
: 20~25%

② 신진대사에 의한 열에너지(체온으로 방출됨): 75~80%

즉, 소비한 산소로 얻은 에너지 대부분은 신진대사에 의한 열에너지가 되고, 실제 보행 활동에 쓰이는 에너지는 비교적 적다는 결론이다.

장기 산행의 경우 추가로 큰 짐까지 고려해야 한다. 10kg의 짐을 짊어진다고 했을 때, 앞서의 몸무게와 같은 방식으로 계산하면 빈손일 때보다 약 40kcal 더 많은 에너지를 소비한다는 계산이 나온다.

그런데 여기서 중요한 것은, 이 계산이 **짐 무게가 몸무게의 10~20% 정도까지일 때**의 이야기라는 점이다.[3] 짐 무게가 30%를 초과하면 부담이 급격히 증가한다는 사실이 과학적으로 밝혀졌다. 가령 체중 60kg인 사람은 문제없이 옮길 수 있는 짐이 6~12kg 정도까지다. 짐 무게가 18kg(체중의 30%)이 되면 자세가 무너지기 십상이라 무릎이나 등에 실리는 부하도 커진다.

---

3 Tzu-wei P. Huang, Arthur D. Kuo, (2014), "Mechanics and energetics of load carriage during human walking", *The Journal of Experimental Biology*, 217, 605-613.

즉, 에너지 소비가 단번에 늘어나는 것이다.

이쯤에서 나와 아들이 각자 무리 없이 운반할 수 있는 짐의 중량 한도를 도출해보면 이렇다.

- 필자 : 체중 62kg × 20% = **12.4kg**
- 아들 : 체중 22kg × 20% = **4.4kg**

이 정도의 중량에서 역산하여 그 값을 넘지 않는 선에서 의식주를 챙기지 않으면 안 된다.

거기에다 흥미롭게도 인간이라는 내연기관의 효율은 **짐을 짊어지는 방식에 따라서도 크게 변화**한다는 사실이 여러 연구에 의해 알려졌다.[4] 무거운 물건을 가방의 위쪽, 즉 견갑골 근처에 패킹하면 허리 부근에 싣는 것보다 산소 소비를 약 20%나 줄일 수 있다. 신체 중심 가까운 위치에 짐을 놓음으로써 신체의 자연스러운 흔들림을 활용하게 되어, 결과적으로 보다 적은 에너지로 걸을 수 있다고 한다. 패킹 요령과 관련하여 여러 지면에서 소개되는 내용은 이 이론에 기초한 것이다.

---

[4] Kristin J Stuempfle, Daniel G Drury, Amanda L Wilson, (2007), "Effect of load position on physiological and perceptual responses during load carriage with an internal frame backpack", *Ergonomics*.

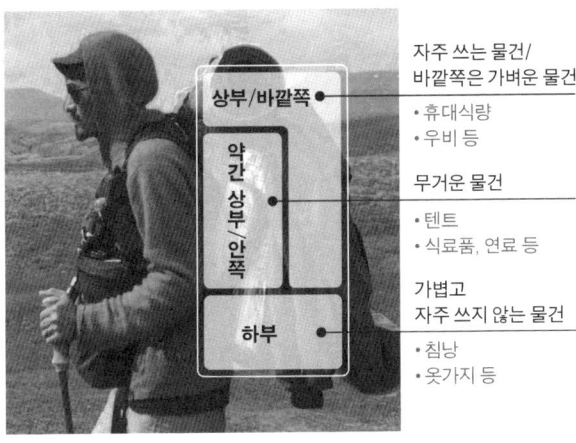

그림 20. 백팩 패킹 요령의 예

무게 분포

- **무거운 짐은 상부 및 신체에 가까운 위치**: 무거운 짐(텐트, 식량, 연료 등)은 등의 윗부분 또는 가능한 한 신체에 가까운 위치에 둔다. 신체 중심이 안정되고, 균형 잡기가 쉬워진다.
- **가벼운 짐은 하부 및 바깥쪽**: 가벼운 의류나 침낭 등은 백팩의 아랫부분 또는 바깥쪽에 배치하여 무게 집중을 피한다.

중심 안정시키기

- 짐이 좌우로 치우치지 않도록 균형 있게 채워, 보행 중 백팩이 흔들리는 것을 방지한다.

또 자동차 엔진과 마찬가지로 인간에게도 **가장 효율적인 보행 속도**가 존재한다. 시속 약 4~5km. 이 속도일 때 위치 에너지와 운동 에너지의 변환 효율이 최대가 된다. 단, 이 수치는 짐을 짊어지면 달라진다. 하중 증가시 최적 속도는 약간 저하된다. 일정한 속도로 천천히 걷는 편이, 칼로리를 절약하면서 더 긴 거리를 가는 비결인 셈이다.

한편, 연료가 되어주는 식량은 중량 대비 칼로리 효율이 좋은 것을 선택해야 한다. 추운 산속에서는 몸이 체온을 유지하려고 여분의 에너지를 더 쓴다. 몸을 덥히는 식사를 위한 가스캔도 필요하며, 신진대사에 의해 발생한 열을 유지할 수 있도록 중량 대비 보온성과 단열성이 높은 의류와 침구를 택해 열 손실을 피해야 한다.

이런 식으로 따지다 보면 식량, 연료, 침낭 등 의식주를 충족시키는 짐을 챙기는 모든 과정은 결국 칼로리와 무게 사이 최적의 균형점을 찾는 일에 다름 아니다. 그러기 위해서는 지금 자신이 가지고 있는 '물건'을 목록화하고, 무게를 모두 재보고, 짊어질 의미가 있는 연료 혹은 도구인지를 자기 머리로 하나하나 생각해야 한다.

이러한 사고방식을 '울트라 라이트^{UL}'라고 하는데, 상당한 거리를 걷는 하이커와 백패커 사이에서 널리 알려진 경량화의 지혜다. 내가 UL을 처음 접한 것은, 1박 2일로 오제 국립공원과 시부쓰산을 걷다가 따끔한 맛을 본 후의 일이었다. 과도한 중장비가 화를 불러 무릎을 다친 나는 예정했던 이동 시간을 훌쩍 넘겨버렸다. 결국 해가 지고 어둠이 깔린 산속을 헤드라이트조차 없는 상태로 걸어가야 했다. 그야말로 사경을 헤매며 산을 내려온 그 경험이 나를 UL의 세계로 이끌었다.

이후부터는 무게를 그램 단위로 따져가면서 경량화를 추구했다. 마치 자동차가 경량화되며 연비를 눈에 띄게 끌어올린 것처럼, 짐의 경량화를 끊임없이 궁리함으로써 인간은 더 멀리, 더 자유롭게 걸을 수 있게 된 것이리라.[5]

긴팔 티셔츠 하나를 고를 때도 신중을 기했다. 최종 선택한 것은 213g으로 약간 무거웠다. 그동안은 "약간 무겁다" 같은 무게 감각을 생각해본 적 없다(여러분도 그렇지 않을지?). 살짝 두껍고 속건성은 조금 부족하지만 소재는 100% 메리노 울이다. 일교차에 강하고 며칠 걷다 땀범벅이 되어도 냄새가 나지 않을 것이다. 그래서 여벌 옷 없이 이 티셔츠 한 장만 입고 가기로 했다. 일일이 물건의 무게를 달아보고 합계치를 맞닥뜨리면 여벌

---

5 UL에 관한 참고문헌이나 콘텐츠는 풍부한데, 가령 '산과 길(山と道)'의 지널 「운트라 라이트·패킹 추천」(2020년 10월 16일자) 등이 매우 도움이 된다.

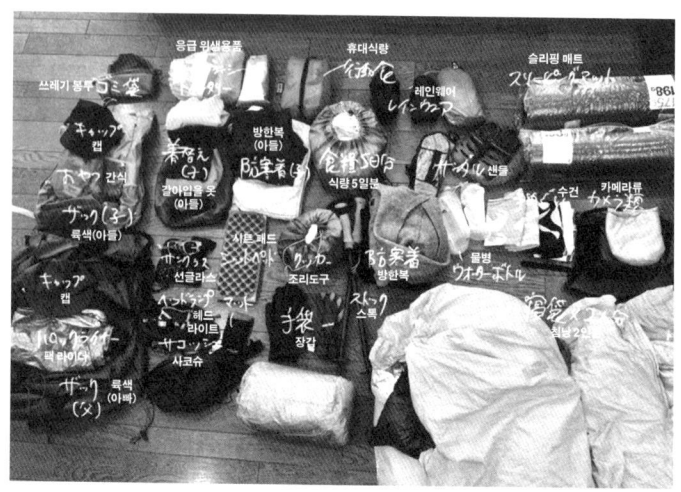

그림 21. 2주간의 아이슬란드 여행에 가져간 모든 짐 (2인분)

옷을 챙길 여유 같은 건 사라진다.

하나의 물건을 여러 용도로 활용하는 것도 UL의 사고법이다. 예를 들어 트레킹 폴(스톡)은 텐트 폴로도 사용할 수 있으니, 그에 적합한 텐트를 골라 무게를 줄여나간다.

자신의 생존과 활동에 얼만큼의 에너지(칼로리)가 필요한지를 면밀히 따져보는 장기 산행의 **UL 사고 훈련**은 도시의 일상생활에도 영향을 준다.

나의 경우 에스컬레이터, 엘리베이터 같은 외부 에너지를 사용하는 일을 의식하게 되었다. 또 보유한 물건이 모두 '가시화'

되다 보니, 새 물건을 들이기 전에 정말로 필요한지 아닌지 생각하는 버릇이 생겼다. 미니멀리스트적 습관이 자연스럽게 몸에 밴 셈이다. 더 나아가 도구의 아름다움, 소재의 의미, 그 용도까지도 나 자신의 경험을 바탕으로 헤아릴 수 있게 되었다. 최소로 필요한 기능만 남기고 나머지를 제거해나간 '미니멀리스트 슈즈'와 비슷한 결의 사고방식이다.

이는 역사학자 유발 하라리가 『사피엔스』에서 우리가 수렵채집민에게 배워야 할 점으로 짚는 바와도 일치한다.

주변에 물건이 얼마나 넘쳐나는지 평소의 우리는 아랑곳하지 않지만, 이사할 때가 되어서야 비로소 깨닫게 된다. 반면 수렵채집민은 매달 혹은 매주, 때로는 매일, 소지품을 전부 짊어지고 이동했다. 이삿짐 업체도 없고 짐마차도 없다. 짐 옮기는 것을 도와줄 동물조차 없었다. 따라서 이들은 어떻게든 꼭 필요한 소지품만으로 꾸려나갈 수밖에 없었다.

이렇듯 걷기라는 단순한 행위의 훌륭함과 가능성, 더 나아가 새로운 라이프 스타일까지도 생각하자는 UL 문화가 확산된 것은, 명저 『울트라 라이트 하이킹 ウルトラライトハイキング』(쓰치야 도모요시 저)에 의하면, 1968년 배낭여행가 콜린 플레처 Colin Fletcher

가 출판한 『The New Complete Walker(새롭고 완벽한 보행자)』가 방아쇠였다고 한다. 내가 걷기의 매력에 눈뜬 뒤 정신없이 읽은 책 중 하나이며 배낭여행자와 하이커에게는 바이블 같은 책이다.

  내용을 조금만 소개해본다. 콜린 플레처는 '왜 걷는가'라는 물음에 관해 쓰며 서두를 연다.

  TV, 헤로인, 주식 시세. 속절없이 빠져들어 환자가 되기 쉬운 즐거움 중에는 워킹, 즉 '걷기'라는 행동도 해당된다는 생각이 든다. 그러나 정신병적 편집증으로 옮아가기 십상인 이러한 광기들 가운데 걷기만은 조금 이질적이라고 느껴지는 이유는, 그 광기가 쾌활한 데다 정신의 건전함으로 이어지기 때문일 것이다. 나는 진심으로 이 광기―걷기를 널리 권하고 싶다.

  그는 과학적이거나 실증적 증거에 근거하기보다는 자신의 풍부한 경험, 실천에 바탕한 철학으로 다음과 같이 이어가고 있다.

  Think, 즉 '생각하기' 위해서는 능선 걷기기 최적이었고, 반드시 만족스러운 결과로 이어졌다. 풀로 뒤덮인 가파른 경사면을 올라가

바람을 맞으며 하늘을 올려다보면 어느새 내 머릿속이 맑아져 있음을 깨닫는다. (중략)

걷는 습관이 몸에 배고 나니 이제 도심이나 공원을 걷는 것만으로는 부족하게 느껴지기 시작한다.

나 또한 산과 자연을 걸었기 때문에 만날 수 있던 풍경, 마음을 울리는 경험을 점점 쌓다 보니 '더 멀리 걷고 싶다', '지구상의 여러 장소를 걸어보고 싶다'는 마음이 생겼다. 아이와 함께 걷는 기회를 많이 만들었고 때로 아이의 짐까지 대신 지기도 했다. 그렇기에 '경량화'는 단순히 '가벼운 차림' 정도의 의미가 아니라 '생존'을 위한 지혜였다. 이제는 아이도 산행에 꽤 익숙해져서 어떤 간식을 가지고 갈지 '우선순위를 매기는' 습관이 생겼다. 가장 좋아하는 젤리는 무게가 조금 나가지만 다른 것을 덜어내서라도 꼭 챙겨가는 식으로 말이다.

이렇게 해서 5일 분의 식량과 첫날 분의 물을 더해, 내 짐의 무게는 약 13kg, 아들 것은 약 4kg으로 완성됐다. 이 무게라면 대강 체중의 20%가량이고, 식량은 날마다 섭취하므로 중량이 차차 줄어들 터다. 물은 휴대용 정수기가 있으니 트레일을 따라 흐르는 풍부한 강에서 매일 보충할 수 있다. 분명 어떻게든 될 것이다.

하지만 어디까지나 여행 채비 단계의 머릿속 예상일 뿐이었다. 아무리 꼼꼼하게 짐을 싸고 준비를 거듭한들 일이 계획대로 흘러갈 리 없는 것이다. 상대는 다름 아닌 자연이니까.

'진짜 현실'을 보다

해부학자 요로 다케시養老孟司는 저서 『手入れという思想(손질이라는 사상)』에서 도시의 문제점에 대해 실로 흥미로운 고찰을 보여준다.

전후 일본인의 태도 변화에서 가장 눈에 띄는 것은 뭐든 남 탓을 하는 경향이 나타났다는 것입니다. 왜냐하면 인간이 만든 것들로만 세계를 채워나가면(도시를 가리킨다—필자 주), 그것만이 '현실'이 되기 때문입니다. 이 '현실'에 없어야 할 불행은 모두 남 탓으로 돌리게 됩니다.

요로 다케시는 인간 뇌의 산물인 인공물人工物로 넘치니는 현실을 "뇌화사회腦化社會"라고 부른다. '이렇게 하면 저렇게 된다'는 합리성으로 모든 일이 움직이는 사회라서다. 모든 일에는 반드시 정답이 있다는 사고를 바탕으로 정답뿐인 세계를 구축해온 것이야말로 "턱없는 실험"이었다고 그는 말한다. 우리는 답할 수 없는 문제를 그때부터 튕겨내 버렸다고.

하지만 인간이든, 지구든, 생태계든, 본래의 세계는 대단히 복잡하며 그런 인과관계로 나눌 수 있는 것이 아니다. 산과 자연이 재미있는 이유는 거기에 무엇이 있는지 모르기 때문이다. 내비게이션의 지시대로 최단거리를 따르는 운전처럼 효율적으로 목적지를 향하기만 해서는 뜻밖의 경치를 만날 일도, 길가에 떨어진 신비한 빛깔의 돌을 눈여겨볼 일도 없다. 그렇게 우리는 우리가 얻을 수 있었던 다양한 체험을 내버리고, 축적된 체험들 위에서 세상을 생각하는 법을 어느샌가 잊어버린 것은 아닐까.

유발 하라리는 말한다.

세월이 흐르면서 사람의 지능이 높아졌다는 증거는 전무하다. 수렵채집민은 농업혁명 훨씬 전부터 자연의 비밀을 알고 있었다. 왜냐하면 자신들이 사냥하는 동물, 채집하는 식물에 대한 지식에 생존이 날려 있었기 때문이다.

수렵채집민만큼은 아니더라도 '무엇이 있을지 모르는' 그리고 '인간의 뜻대로 되지 않는' 당연한 '진짜 현실'을 나는 산행하며 마주하게 되었다. 생존이 달려 있는 만큼 두뇌와 신체를 최대로 가동해야 했고 매사에 겸허해졌다. 특히 아이슬란드는 불가해한 악천후로 악명이 높은 나라다. 한여름에마저 갑작스러운 비바람이 혹독한 강추위를 불러온다.

요로 다케시는 이에 대해서도 서술하고 있다.

> 인간은 날씨 하나도 통제할 수 없습니다. 뜻대로 되지 않는 자연과 어떻게든 타협하기 위해서는, 꾸준한 노력도 정밀한 예측도 통하지 않음을 받아들이고, 모르는 것은 '아, 이런 거구나' 하고 공백인 채로 놔두어야 합니다.[6]

시각은 밤 9시 반. 밖은 백야라 아직 낮처럼 밝다. 그 점이 유일한 구원이었으나, 광활한 란드만날라우가르 트레일 헤드(등산 입구)에서 미리 묶기로 한 우리를 기다리고 있던 것은, 낮의 온화한 날씨와는 전혀 다른 태풍 수준의 맹렬한 빗줄기와 강풍이었다.

---

6 각주 1과 동일.

텐트에 내리치는 굉음에 긴장은 극에 달했다. 일본에서부터 이곳까지 장시간 비행 그리고 장거리 버스 이동이 겹쳐 녹초가 다 됐음에도 졸음조차 느껴지지 않는다. 아들은 다행히 잠들어 있지만, 상상 이상의 추위까지 맞물려 내 머리는 또렷했다.

텐트 밑바닥이 젖었다. 아이가 자기 전에 쏟은 식수인지, 비가 들이친 건지, 아니면 지면에 의한 침수인지. 원인은 특정할 수 없지만 내 침낭이 있는 자리만 흠뻑 젖어 있단 사실엔 변함이 없다.

얼음섬이라고는 하지만 한여름 평년 기온이 5~13℃ 내외라고 들었기에 패딩류는 가져오지 않았다. 그런데 아이폰의 날씨 앱은 현재 위치 체감온도 -2℃를 나타내고 있다. '바람의 영향으로 실제보다 기온이 낮게 느껴집니다.' 그 친절한 설명은 이제 얄밉다는 생각밖에 안 들었다.

남은 건 다운 침낭뿐. 이것이 젖으면 다운의 성질상 보온력을 잃기 때문에 아웃이다. 체온을 빼앗기면, 이윽고 사고가 정지한다. 공포가 머리를 스친다. 새삼 완전히 미지의 영역에 발을 들여놓고 말았다는 불안이 나를 덮쳤다.

필사적으로 텐트 침수의 원인을 찾는다. 바람을 막으려고 텐트 안쪽에 놓아둔 돌 밑에 물이 고인 것 같다. 휴지로 닦아내려 했지만 역부족이었다. 수건으로 물을 훔쳐서 팔만 텐트 밖으로

빼내 젖은 수건을 짜내는 작업을 반복한다. 폭풍우는 전혀 진정될 기미가 보이지 않는다.

사전에 준비한 나 자신을 칭찬해주고 싶었던 건, 비상시에 야외에서 밤을 지새울 것을 대비해 방수 침낭 커버 '비박 색 Bivouac Sack'(비비)을 챙겨왔다는 점이다. 평소 산행에서는 거의 가치를 실감 못 했던 장비(그래서 비상시를 대비해 굳이 들고 다닐 필요가 있을까 하는 생각까지 들고 있었다)였는데, 그날 밤만은 달랐다. 침낭을 물로부터 지켜주는 마지막 보루가 되어준 것이다.

그러나 사태는 더욱 뜻하지 않은 방향으로 굴러간다. 돌을 텐트 밖으로 꺼내려는 순간, 대지가 빚어낸 예리한 돌 표면이 팽팽한 텐트 측면에 닿아버린 것이다. 텐트를 슥 가를 정도의 칼날 같은 날카로움이었다. 곧장 배낭에서 꺼낸 덕트 테이프로 응급 처치를 한다. 평소에는 거의 쓸 일이 없는 이 도구 역시 바로 이런 때를 위해 존재한다는 걸 멋지게 증명해 보인다.

과연 이 텐트가 바람을 견딜 수 있을까, 만약 한순간에 날아가버리면 아이와 어디로 피해야 할까……. 평소에는 잠들어 있던 뇌 구석구석이 절로 풀가동되기 시작한다. 아니, 아침이 되면 아예 이 땅을 떠날 수밖에 없을지도 몰라. 그런 어두운 예감이 머리를 스치는 가운데 비바람이 뚝 그쳤다.

안도한 것도 잠시, 이내 바람이 다시 포효하기 시작했다. 이제

겨우 트레일 입구에서 보내는 전야일 뿐인데 벌써 고난을 직면하고 있다. 일본에서 비행기를 갈아타고 19시간, 수도 레이캬비크에서 4시간의 버스 이동을 거쳐 간신히 도착한 땅이다. 오로지 걷기 위해서. 지금까지 쓴 시간과 노력 그리고 비용을 생각하면 포기할 수 없다.

하지만 아직 한 발짝도 나아가지 못했다. 이 시점에서 머리에 떠오른 것은, 싫어하는 두 글자였다.

철수.

철수

 자연에서 뜻대로 되지 않는 현실과 어떻게 타협할 것인지 씨름을 벌이다 보면, 평소 비즈니스 세계에서는 종종 판단이 흐려지기 쉬운 '철수'라는 의사결정을 매번 훈련하게 된다.

 어째서 철수하는 결정이 어려운가에 대해서는 수많은 심리학과 행동경제학 연구가 보여주고 있다. 가령 노벨 경제학상 수상자인 대니얼 카너먼과 아모스 트버스키의 실험은, 인간이 이익을 얻는 것보다 손실을 피하는 경향을 더 강하게 보인다는 '손실 회피 편향'을 설명해준다.[7] 또 이미 투자한 시간, 금전, 노

---

7   Daniel Kahneman and Amos Tversky, (1979) "Prospect Theory: An Analysis of Decision under Risk,"*Econometrica*, Vol. 47, No.2, 263-291.

력 같은 자원을 회수할 수 없다는 사실을 받아들이기 어려워하는 '매몰 비용Sunk Cost의 함정'도 그렇다. 아크스와 블루머의 연구[8]에 따르면, 사람들은 이미 고액을 지불해버린 스키 투어 티켓과 더 싸고 질 높은 투어의 일정이 겹칠 경우 고액의 스키를 택하는 경향이 강한 것으로 나타났다. 더 저렴한 투어를 즐길 수 있다고 예상돼도 지불한 고액을 '헛되게 하고 싶지 않다'는 심리가 작용한다.

이 연구들 중에서도 평소의 나 자신을 돌아볼 만큼 가장 뜨끔한 것은 '몰입 상승 효과Escalation of Commitment'라는 현상이다.[9] 이는 처음 결정에 따라 행동을 계속하고, 도중에 부정적인 결과가 이미 나왔음에도 당초 결정에 더 전념하는 모습을 가리킨다. 즉, 매몰비용에 끌려 자원을 계속 투입해버리는 행위다. 집념이 강할수록, 그동안 투자한 자원이 클수록, 그리고 '여기까지 왔는데' 하며 시간이 가면 갈수록 우리의 합리적인 철수 판단은 어려워진다.

비즈니스 스쿨에서 당연하게 배운다는 이러한 인간 심리를 나는 11월 초 기소 고마가타케 산행에서 강렬히 경험했다. 고

---

[8] Hal R. Arkes and Catherine Blumer, (1985). "The Psychology of Sunk Cost," *Organizational Behavior and Human Decision Processes*, 35(1), 124-140.
[9] Barry M. Staw, (1976) "Knee-deep in the Big Muddy: A Study of Escalating Commitment to a Chosen Course of Action" *Organizational Behavior and Human Performance*, 16(1), 27-44.

마가타케는 나가노현 남부로 이어지는 중앙알프스(기소 산맥)의 최고봉이다. 여섯 살이었던 아들과 정상 등반을 노렸지만 눈길, 희박한 공기, 도중에 불어오는 강풍 때문에 숨쉬기 힘들어하던 아이는 서서히 패닉 상태가 됐다. 도중에 전조는 있었다. 그럼에도 불구하고 기왕 여기까지 왔으니 정상을 밟고 싶다는 마음에 사로잡힌 나는 괜찮을 거라면서 아들을 계속 북돋웠다. 그러나 결국에 아이는 울음을 터뜨렸고, 나는 포기하고 하산을 결정했다.

이후로 나는 산을 걸을 때 피크 헌트(산 정상을 밟는 것을 목적으로 한 등산)에는 일절 얽매이지 않게 되었다. 무의식중에 '정상

정상 등반을 포기했던 기소 고마가타케

은 목표해야 하는 곳'이라는 생각에 끌려가고 있음을 깨달았다.

그럼에도 이번 아이슬란드는 그때와 사정이 다르게 느껴졌다. 투자한 시간, 금전, 노력 모두 월등히 컸기 때문이다.

이른 새벽의 하늘은 여전히 잿빛 구름으로 뒤덮여 있었다. 텐트에서 기어 나와 주위를 둘러보니 백전노장 하이커들의 텐트마저 상당수가 폭풍에 패해 처참한 모습을 하고 있었다. 우리 텐트가 날아가지 않고 버텨낸 것은 기적에 가까웠다.

주위 하이커들의 동향을 살피면서 내 마음은 흔들리고 있었다. 대부분은 여기서 잠시 상황을 지켜보자는 기색이었지만, 새벽부터 길을 나서는 고수들의 뒷모습을 몇 팀 배웅하기도 했다. 다만 그들은 모두 성인 그룹이었고, 정보를 교환하며 걸음을 뗄 때는 하이커들조차도 어찌 보면 서로를 다독이고 있는 듯했다. 그렇지 않아도 나는 아이와 함께였기 때문에, 이대로 나아가도 될지 확신이 들지 않았다.

트레일 위에는 10여km 간격으로 산장이 설치되어 있으므로 아예 산장에 숙박할까도 생각했다. 하지만 수개월 전에 이미 예약이 마감될 정도로 인기이기도 했고, 자연에 끼칠 악영향을 고려하여 하이커가 한꺼번에 밀려들지 못하도록 배려한 것인지 침대 수도 한정되어 있었다. 밑져야 본전으로 메일을 보내 문의했지만, 답장이 온 것은 그로부터 며칠 후의 일이었다.

마지막 희망은 기상 정보였다. 하지만 가장 믿을 만한 아이슬란드 기상청 예보는 마치 자연의 의지를 대변하듯 앞으로 며칠간 폭풍이 지속됨을 알렸다. 이제 낙관적인 판단을 할 수 있는 근거는 없어졌다. 무엇보다 이 추위를 견디기에는 장비가 너무 단출해서 앞으로 나아갈 의지가 꺾이고 있었다.

이 트레일 헤드에 유일하게 있는 작은 매점의 여주인이 내게 말했다.

"아이슬란드의 악천후를 만만하게 봐서는 안 돼요. 이 날씨에 걸으러 가는 것은 제정신이 아닙니다."

경외감을 느끼지 않을 수 없는 하늘이었다.

나 혼자였으면 그래도 무모하게 걸어보려고 했을지 모른다. 어쨌든 이곳에 오느라 장기 휴가를 냈고 여비도 상당히 투자했으니까. 하지만 아이를 동반한 상황은 냉정한 판단을 촉구하는 무게추가 되었다.

    결국, 철수를 결심했다. 신변의 안전과 교환한 절망이라는 두 글자가 전신을 덮쳤다. 몸을 실은 버스의 행선지는 수도 레이캬비크. 창문 위로 흘러내리는 빗줄기만이 고뇌의 결단을 조용히 긍정해주는 듯했다. 4시간의 귀로는 마치 영원처럼 길어 이번 장정의 문을 닫는 종장 같았다.

몸으로 배운다는 것

 오랜 도시 생활로 쓰지 않게 된 몸과 뇌가 활발해지기 시작한 것은, 트레일을 걸은 지 얼마 지나지 않아서였다.
 4일 전의 철수 후 우리는 수도 레이캬비크에서 지냈다. 아이슬란드의 마스코트인 바닷새 퍼핀을 찾는 관광선 체험으로 마음을 달래면서도(이 여행에서 뭐라도 회수하고 싶었다) 유스호스텔의 방 한 구석에서 은밀히 재도전 계획을 짜고 있었다. 한 번 패한 라우가베구르 대자연의 입구에 섰던 경험은 확실한 교훈을 남겼다. 날씨, 특히 비보다 바람이 체감온도에 얼마나 큰 영향을 미치는지 몸소 배운 내게는 기상 데이터로 현실을 예상할 수 있는 힘이 조금 붙었다.
 아이슬란드 체류 중 한 번 더 도전의 기회가 찾아온 것은 그

 야말로 우연이었다. '이 정도 풍속이면 갈 수 있겠어' 하고 버스 표를 끊은 날, 다시 찾은 란드만날라우가르의 하늘은 저번과는 전혀 다른 온화한 표정을 짓고 있었다.

 트레일 헤드 주변은 수많은 당일치기 하이커들로 붐볐지만, 그것이 전혀 신경 쓰이지 않을 정도로 광활한 자연은 아무렇지 않게 사람들을 집어삼키고 있었다.

 지구의 역사 자체를 잘라낸 듯한 풍경이 살아 있는 표본처럼 펼쳐진다. 칼데라(세계에서도 보기 드문, 화산 폭발로 형성된 함몰 지형)를 건너는 것이 첫날의 루트였는데, 그곳에는 태고의 분화

흔적이 생생하게 남아 있었다.

 지구의 숨결 같은 김이 피어오르고 유황 냄새가 코를 찌른다. 눈앞을 사로잡은 것은 지열 작용이 빚은 노랑, 핑크, 오렌지, 갈색에 더해 검정과 하양으로 펼쳐진 용암의 대지다. 초록 이끼로 뒤덮인 지면과 한여름에도 남은 순백의 눈이 그 형형색색의 바위들과 어우러져 강렬한 대조를 이루고 있었다.

 "구름이 꼈어요."

 걷는 리듬과 발자국 소리, 변해가는 풍경에 정신을 빼앗긴 채 어느덧 수 킬로미터 넘게 걸었다. 아이의 목소리에 문득 고개를 들자 습기를 머금은 공기가 얼굴을 스치고 단숨에 저층운이 주위를 휘감았다. 이내 빗방울이 몸을 두들기기 시작한다.

아니, 비라고 하기엔 알갱이가 너무 단단하다. 피부에 닿는 감촉이 눈인지 우박인지, 정체를 분간할 수 없었다. 왔던 길을 돌아보니 저편에는 파란 하늘이 유유히 펼쳐져 있다. 시야를 가리는 것은 아무것도 없다. 서로 다른 계절이 같은 하늘을 공유하고 어지러운 날씨 변화가 한 폭의 그림이 되어 지표면을 감쌌다.

이따금 귀에 닿는 것은 대지의 호흡처럼 이곳저곳에서 보글보글 솟아오르는 온천 소리다. 분기공에서 열을 띤 하얀 가스가 뭉게뭉게 뿜어져 나오고, 숨을 들이마시면 강렬한 냄새와 온기가 폐를 채운다. 지금 이 땅이 살아 있음을 온몸의 감각이 말해주고 있었다. 검정과 잿빛의 용암 사이를 누비듯 나아가자 발밑의 감촉이 달라지더니, 흑바위와 흰 눈을 두른 흐라프틴누스커Hrafntinnusker의 위용이 모습을 드러냈다. 해발 1032m, 오늘 밤의 야영지다. 가랑비가 뺨을 부드럽게 때렸지만 바람은 없었고, 눈앞의 풍경은 이전의 공포가 거짓말인 것처럼 평온했다.

이토록 오감을 총동원해 무의식중에 세계를 인식하고 무수한 정보를 집어넣음으로써 뇌는 배워나간다. 인간의 이 같은 학습 과정을 가장 순수한 형태로 보여주는 존재는 아기일 것

이다. 자세히 관찰해보면 아기가 가장 먼저 시작하는 행동은 손 뻗기다. 물건을 만져 단단함과 부드러움, 온도를 느끼고 그 정보가 뇌에 흡수된다. 이윽고 손에 닿은 것을 입가로 옮겨 혀로 확인하기 시작한다. 호기심에 이끌린 자연스러운 탐구 과정이다.

  아기가 기어 다니기 시작하면 세계는 단번에 입체적으로 확장된다. 공간을 이해함에 따라 의자라는 장애물에 부딪칠 것 같으면 피하는 법을 배운다. 단순히 정보를 '입력'하는 것만이 아니라 '출력'에 해당하는 피하는 동작을 몸으로 반복함으로써 뇌는 착실히 학습을 쌓아간다. 그래서 유아기에는 특히 몸을 움직이는 게 좋다고 하는 것이다.

또 의자는 가까이 가면 크게 보이고, 멀어지면 작아 보인다. 그러나 그것들은 동일한 의자이며, 별개의 것으로 인식해서는 안 된다는 규칙을 뇌가 터득해나간다. 이로써 '비례'라는 개념을 알게 된다고 생물학자 요로 다케시는 지적한다.[10] 비례란 결코 책상에 앉아서 배우는 게 아니라 몸을 통해 자연스레 체득한 지혜라는 것이다.

작가 시마다 마사히코는 저서 『散步哲学(산책철학)』에서 다음과 같이 말하고 있다.

유아가 보행 훈련에 들이는 약 2년의 시간은 언어를 습득하는 시기와 겹치므로 두 가지 능력이 시너지를 이루며 발달한다. 보행 능력의 획득으로 호기심이 한층 더 자극되고, 충족되어간다. (중략) 반대로 걷는 것을 멈추는 순간부터 퇴화가 시작된다.

이학박사이자 대기업 히타치제작소의 명예 펠로우인 고이즈미 히데아키 또한 신체를 통해 자연계에서 얻는 배움의 중요

---

10   각주 1과 동일.

성을 설파하고 있다.[11]

그의 논고 중에서도 특히 흥미로운 것은 '색깔' 정보의 구체적인 예다. TV 화면의 총천연색이란 것도 단 3색(적, 녹, 청 삼원색)의 단순한 조합이며, 우리 눈이 이를 여러 가지 색으로 인식할 뿐이다. 반면 자연계는 비할 바 없이 복잡하다. 완만하거나 날카로운 복합적 스펙트럼이 겹쳐 최종 색이 나타난다. 단풍잎의 색 하나만 보더라도 태양광이 얼마나 다양한 파장으로 닿는지에 따라, 잎의 물질이 특정 파장을 흡수하는지에 따라, 나아가 빛의 각도와 습도, 주위 환경에서의 반사, 잎 표면의 우툴두툴함에 따라 보이는 색깔이 달라진다.

'소리'도 이 같은 차이가 있다고 한다. 아름다운 음색을 자랑하는 피아노도 분석해보면 음차 같은 단순 파동, 정현파正弦波가 기본이다. 반면 자연계의 소리는 빗방울이 지면을 두드리는 소리, 바람이 불어오는 소리, 나뭇잎이 스치는 소리 그리고 시냇물이 흐르는 소리, 파도 치는 소리 등 헤아릴 수 없으며 무수한 주파수가 자아내는 풍부한 울림을 가지고 있다.

'모양'도 마찬가지다. 인공 세계는 부자연스러울 정도로 직선적이다. 가로세로의 직선이 도시 경관을 구성하고 있다. 그러

---

11   요로 다케시(養老孟司), 『자식이 걱정이다: 사람으로서 중요한 3가지 힘』, PHP研究所, 2022.

나 '진짜 현실'에는 끝없이 다양한 곡선이 존재한다. 가령 플라스틱 조화는 부분을 확대해도 크게 달라 보이지 않지만, 생화를 똑같이 확대해서 관찰하다 보면 속속들이 다른 세계가 펼쳐진다고 한다.

이러한 자연에 접함으로써 우리의 감각은 폭넓고 풍부하게 길러진다. 문득 떠오르는 인물은 베토벤이다. 자연에서 걷는 것을 사랑한 그 또한 자연계가 전하는 풍부한 정보의 수혜를 입으며 감성을 갈고닦았고, 거기서 얻은 영감을 〈전원교향곡〉이라는 걸작으로 승화시켰던 게 아닐까. 그런 상상이 부풀어 오른다.

행복론

이쯤에서 최초의 물음을 되돌아보고 싶다.

문명과 테크놀로지의 진화는 우리를 행복하게 했는가.

이 물음에 엄밀하게 답하려면 우선 '행복'이라는 말의 정의가 필요할 것이다.

행복의 개념은 지극히 애매하다. 뇌 건강을 다루는 세계평의회 '브레인 헬스 네트워크'의 디렉터이자 영국 엑시터 대학 의대 명예교수인 제임스 굿윈에 따르면, 지난 20년 동안 발표된 논문 중에서 무엇이 사람을 행복하게 하는지 과학적으로 규명한 결과만 무려 1만 7000개 이상 발표되어 있다고 한다.[12]

---

12 제임스 굿윈, 『건강의 뇌과학(The Supercharge Your Brain)』, 현대지성, 2022.

그중에는 '행복은 돈으로 살 수 있는가?'라는 물음에 일정한 답을 내놓은 저명한 연구가 있다. 앞서 나온 손실 회피 편향을 증명한 대니얼 카너먼 등이 2012년 발표한 논문이다.[13]

결론부터 말하면, 행복은 돈으로 살 수 있다. 다만 상한이 있다는 조건이 붙는다. 부가 늘면서 빈곤을 벗어나는 과정에서는 행복도가 높아지지만 대체로 7만 5,000달러(약 1억 320만 원)를 넘으면 행복도는 제자리걸음이라고 한다.

또 부보다는 건강이나 가족이 행복에 더 작용한다는 설도 있는가 하면, 일부 심리학자들은 기대가 충족되면 행복해진다고 말한다. 페라리를 갖고 싶었는데 프리우스밖에 얻지 못하면 불행하게 느낀다는 이야기다. 한편 뇌과학의 관점에서는 도파민이나 세로토닌 등 호르몬이 뇌에 어떻게 작용하는가 하는 화학 반응의 문제로 행복을 이야기한다.

즉, 전 세계의 지성이 총동원되어도 너무나 복잡하고 다면적이라서 아직 결론 나지 못한 주제가 행복이다.

내 나름대로 답을 쫓던 중 전 TV도쿄 디렉터이자 위기에 처한 식생활에 관한 다큐 〈하이퍼 하드보일드 고메 리포트〉를 세

---

[13] Daniel Kahneman, Angus Deaton, (2010), "High income improves evaluation of life but not emotional well-being" *Proceedings of the National Academy of Sciences. Proceedings of the National Academy of Sciences*, 107(38), 16489-93.

상에 내놓은 가미데 료헤이上出遼平와 대화를 나누게 되었다. 갤럭시상(일본 방송 최고 권위의 상—역주)을 수상한 그의 작품을 보고 '행복론'을 주제 삼아 인터뷰했을 때 그는 나직이 말했다.[14]

"육체의 실감 없이는 행복을 이야기할 수 없다고 생각해요. 그래서 저는 쫓기듯 정기적으로 산에 들어갑니다. 그곳에선 극단적인 통증, 견딜 수 없는 공복감, 진정한 의미의 결핍, 생사에 관계되는 결핍을 비로소 느낄 수 있습니다.

그러면 '어떻게 충족시킬 것인가' 하면서 머리가 회전하고, 충족시켰을 때는 행복을 손에 잡히듯 느낄 수 있지요. 그럴 때 내게 진정 필요한 것이 무엇인지 다시 한 번 떠올릴 수 있습니다."

위의 말은 이렇게 음미해볼 수 있다. 이제 인류는 물질적으로 원하는 것을 거의 다 손에 넣었다고 봐도 좋다. 그러나 물질적 풍요는 아이러니하게도 자신의 육체가 진정으로 무엇을 원하는지 의식하지 못하게 한다. 무엇보다, 머리와 손만 사용하면 되는 도시 생활은 오감을 구사하는 일의 중요성도 잊게 한다. 이 자본주의 시대에는 불쾌함이나 불편함을 느낄 때 스스로 움직일 필요가 없다. 단지 돈만 내면 어딘가에서 반드시 해결책

---

14 가미데 료헤이(上出遼平), 대히트를 낳는, 사회의 '꼬리표' 떼는 법, 〈나니일로그〉, *NewsPicks*, 2024년 2월 24일

을 공급해주니까. 이런 상황은 자신이 정말로 원하는 것에 대한 감각을 점점 멀어지게 한다.

미국과 일본 같은 경제대국이 매년 세계 행복도 랭킹[15] 상위에서 밀려나 있는 현실도 이와 무관하지 않을 것이다.

그러고 보면 현대인의 주된 서식지로서 도시라는 발명은 실은 중대한 결함을 안고 있는 셈이다. 인간이 근원적으로 지녀야 할 정동情動, 신체를 거쳐 자연스럽게 솟아나야 할 흥미, 주변 세계에 대한 호기심을 앗아가기 때문이다.

자연 속을 걷는 일은 이렇게 잃어가는 호기심과 일상에서 잊혀졌던 결핍의 감각을 생생하게 일깨워주는 최고의 기회일지 모른다. 우리 인류의 신체 거푸집은 본래 길고 혹독한 사냥과 굶주림을 견디며 끊임없이 광대한 대지 위를 돌아다닌 시대에 완성되었으니까.

앞에서 언급한 제임스 굿윈 교수는 행복에 대해 이렇게 지적한다.[16]

인간의 뇌는 몸의 움직임으로써 진화했다. (중략) 진화를 거쳐 인간

---

15 Helliwell, J. F., Layard, R., Sachs, J. D., DeNeve, J.-E., Aknin, L. B., & Wang, S. (Eds.). (2024). World Happiness Report 2024. University of Oxford: Welbeing Research Centre.
16 각주 11과 동일.

의 몸이 만들어졌다. 그렇다면 지금의 앉아 있기만 하는 생활이 몸과 마음에 얼마나 나쁜지도 이해할 수 있다. 더불어 현대인이 건강하고 행복하게 살기 위해서는 진화의 결과를 최대한 활용해야 한다는 점도 알 수 있다.

잊지 못할 행복의 순간은 라우가베구르 트레일을 걸은 지 이튿째 아침에 찾아왔다.

첫날 밤의 저녁 식사는 아들이 고대했던 봉지라면으로 정했다. 김이 모락모락 나는 컵을 두 손으로 감싸 쥔 채, 늘상 재잘재잘대던 아이는 이날 밤만큼은 웃다가도 말없이 라면을 호록호록 삼켰다. 그저 뜨거운 물을 붓기만 한 식사인데, 긴 길을 걸어온 이때만큼 호사스럽게 느껴진 적은 없다.

백야는 생체 시계를 교란시켜 수면을 방해한다고도 들었지만 온 힘을 다 써버린 우리에겐 무관한 일이었다.

다음 날 아침, 얇은 텐트 원단을 투과한 부드러운 햇빛이 비쳐 기분 좋게 눈을 떴다. 텐트에서 나오자 간밤의 가랑비와는 딴판으로 구름 한 점 없는 장관의 하늘이 펼쳐져 있었다.

아니, 구름뿐만이 아니다. 빌딩, 전선, 가로등…… 인공물이라고는 일절 존재하지 않는다. 관리된 캠핑장에서 볼 수 있는 수목의 우듬지조차, 성장을 지탱할 만한 토양을 갖지 않은 이

용암의 대지에는 존재하지 않는다. 수평선으로 이어지는 기복과 그 위에 펼쳐진 하늘뿐. 정말 아무것도 없는 '단지 푸른 하늘'을 지금까지 본 기억이 없다.

왜 심장이 반응하고 떨렸을까? 확실히 이때 나는, 나도 모르게 웃고 있었다. 인류란 역시 수십만 년을 자연 속에서 살아온 존재라는 증거일까.

일상에서는 끝모를 시각 정보가 뇌에 과부하를 일으키지만 광활한 자연 풍경을 걸을 때는 머리가 가뿐해진다. '단지 푸른 하늘'과 대지뿐인 압도적 단순함 앞에서 도시의 소음은 밀려나고 바람소리, 발소리, 숨소리만이 선명하게 도드라진다.

우리는 나흘간 총 55km의 여정을 마쳤다. 하지만 최종 지점에서 얻은 성취감보다 벅차게 마음을 채운 것은 말로 다할 수 없을 만큼 극적이었던 과정과 풍경이다. 그 기억들이 우리가 걸어온 길의 곳곳에 흩어져 있다.

기나긴 길을 오직 두 발로 걸으며 추위와 피로를 이겨내고 도달한 이틀째 아침, 나는 확실한 실감에 휩싸였다.

'이것을 위해 걸어왔다'고.

특정한 경치가 목적이었던 게 아니다. 도시에서는 돈으로 쾌적함을 살 수 있지만, 여기에서는 자신의 발과 의지로밖에 얻을 수 없다. 인간이 만든 돈이나 국가와는 달리, 자연의 대지는 누구에게나 상냥하고 또 엄격하다. 즉 모든 인간에게 평등하다. 보여주기 위한 허위와 노력은 자연에서 통하지 않는다.

후일 니체에게 영향을 준 미국의 사상가 랄프 왈도 에머슨은 저작 『에머슨의 자연론 Nature』에서 이렇게 단언하고 있다.

자연은 치장한 모습을 보이지 않는다.
가장 지혜로운 사람도 자연의 모든 비밀을 다 끌어낼 수 없다.

지금 이 마음의 떨림은 문명이 주는 쾌적함과는 질이 다르다. 재물이 많아서도, 누군가의 인정을 받아서도 아니다. 겉과 속이 없는 단순한 자연의 모습을 스스로의 육체와 오감을 통해 능동적으로 얻었기에 찾아온 기쁨이었다.

그것은 아득한 태초에 사람이 사냥감을 쓰러뜨렸을 때 느꼈을 열광과 환희에 견줄 만한, 자신의 몸이 무엇을 원하는지 아는 이만이 얻을 수 있는 성취감―기억 저편에서 희미해져가던 원초의 행복이었다.

에필로그

'행복론'이라니, 얼핏 보면 '걷기'와는 꽤 동떨어진 곳에 다다른 것처럼 생각될지 모른다. 하지만 스스로 걸어갈 길을 정하고 자신의 두 발로만 닿을 수 있는 대자연의 품에 몸을 맡기는 체험을 말로 옮기다 보니 자연스럽게 도달하게 된 주제였다. 그리고 인류의 진화 과정을 생각해보면, 당연한 귀결이기도 했다.

자연 속을 걷는 일이 콘크리트 정글 같은 도시 생활에 지친 자들이나 빠져드는 '현실 도피'가 아니냐는 비판. 그것은 『The New Complete Walker(새롭고 완벽한 보행자)』의 저자 콜린 플레처에게도 한때 쏟아진 비판이었다. 그러나 내가 취재한 바로,

경제 한복판에서 싸워나가는 사람들은—대기업 경영자·저명한 창업가·크리에이터·정치인에 이르기까지—오히려 자연이라는 '진짜 현실'을 걸으며 지혜를 기르고 심신을 단련하는 경우가 많았다. '걷기'라는 시선을 통해 주위를 바라보니 '아, 그 사람도 역시 걷는구나' 하는 새로운 발견들이 잇달았다.

'달리기'는 특별한 행위일지 모르지만 '걷기'는 인간의 일상 그 자체다. 아무리 바쁜 사람도 매일의 생활 속에 얼마든지 받아들일 수 있다. 거의 유일하게 지속 가능한 신체활동인 것이다.

앉아만 있는 생활이 얼마나 위험한가를 몸으로 경험한 적이 있다. 약 10년 전, 자율신경 실조증으로 인해 일선에서 잠시 물러날 수밖에 없었다. 그런 내가 지금 전력으로 일을 계속할 수 있는 것은 이 '걷기'라는 행위에 매료되어 습관으로 새겼기 때문이라고밖엔 할 수 없다.

2024년 8월, 과감히 한 달의 휴가를 떠나기로 했다. 일본 기업문화에는 "유급 소화"라는 말이 뿌리내려 있다. 으레 어딘가로 이직할 때에야 단번에 유급 휴가를 몽땅 써버린다는 뜻이다. 마치 쓸데없는 것을 처분하는 듯한 뉘앙스에 나는 늘 위화감을 느꼈다. 그게 아니라, 좀 더 강약 조절을 하며 전략적으로 쉬어야 한다고 생각했다.

사실 이는 나중에 그럴듯하게 붙인 연유이고, 실은 그저 더 걷고 싶었다. 충동을 도저히 억제할 수 없어 휴가 몇 개월 전 사쿠마 타이라 사장에게 상담했다.
"좋지 않나, 이리저리 방랑하고 와도. 경영은 마라톤이니까."

이런 응원에 힘입어 나는 충동에 충실하게 경영이라는 이름의 마라톤, 아니 롱 트레일의 보급 거점으로서 휴가를 얻어 아이슬란드로 떠났다.

*

돌이켜보면 이 직업의 길을 걷기 시작한 계기 또한 '걷기'에 있었을지 모른다. 백팩 하나 메고 해외를 걷다가 기자를 꿈꾸게 되었기 때문이다. 당시(2004~2005년)로서는 드물게 대학 재학 중 1년 동안 휴학을 했다. 아일랜드와 인도에 각각 3개월간 머물렀는데, 특히 인도에서는 각 주마다 한 도시를 목표로 여행을 떠났다.

타국을 걸으며 생각했다. 내가 매일 안고 사는 고민이란 것이 이 시대, 이 나라에서 태어났기 때문에 생겨난 특수한 것에 불과할지도 모른다고.

시간이라는 세로축과 현대의 국가들이라는 가로축으로 세계를 바라보면, 당시 일본인의 고민 대부분은 "2000년대의" "경제가 성숙한 일본"이라는 특정한 상황에서 생겨난 것이다. 만약 "1950년대의" "인도"였다면 사람들의 고민은 전혀 달랐을 것이다.

바꿔 말하면 내 고민들의 뿌리에 '돈'밖에 없는 듯한 지금의 만연한 분위기가 도사리고 있다는 생각이 들었다. 앞으로의 노후, 돌봄, 교육비…… 그런 것들이 생각의 발목을 잡거나 '이래야만 한다'는 주변의 말들에 떠밀리면 결코 행복하지 않을 것 같았다. 그래서 보다 넓은 세상의 사람들이 어떤 삶을 살고 있는지 체험해두고 싶었다.

두 발로 직접 세계를 걸어보자고 생각한 것은 40년 전 인도를 걸었던 아버지의 영향도 컸다.

카스트의 잔재와 갠지스강의 가트(화장터)를 바라보며 아버지는 "이들은 세상의 부조리, 그 속에서도 살아내는 힘과 에너지가 있다"고 말했다.

회사원이었다가 독립한 아버지는 버블 붕괴 후 궁지에 몰려 사업에 실패했다. 자살자 수가 3만 명까지 불어나던 시기로, 오해를 무릅쓰고 말하자면 세상을 등져도 이상하지 않을 정도의 참담한 상황이었다. 그런 아버지가 쉽게 삶을 포기하지 않은 것은 인도의 가혹한 환경 속에서 살아가는 사람들로부터 무언가를 느낀 영향도 있다고 생각한다.

나아가 인터넷 시대의 잡지 기자라는 독특한 커리어를 걷기 시작한 일 또한, 이번 취재 주제와 지금의 나날에 이어져 있다고 느낀다. 신인 기자 시절 도움을 많이 줬던 선배의 한마디가 문득 떠오른다.

"이케다, 잡지 기자란 말이야. 말하자면 수렵민족이야. 기자 클럽(공공기관에 마련된 언론사의 취재 거점—역주)은 앉아만 있어도 기삿감이 들어오지만 우리는 거기에 소속될 수 없어. 기다린다고 해서 소재를 얻을 수 없지. 어디에 사냥감이 있는지 후각을 곤두세우고, 가진 두 발로 부지런히 걸어다니며 최고의 전리품(특종)을 잡아와야 해."

유발 하라리의 말에 비추어보면, 나는 사회에 나온 순간부터 줄곧 수렵채집민으로 살아왔다. 수렵채집민에게는 그 환경 속에서 살아갈 힘을 터득하고 자극이 많은 다채로운 시간을 보내는 것 자체가 행복이었다.

왜 나는 걷는가. 어쩌면 단지 이 행위가 나의 업業이자 몸의 습관이 되어버려 이제는 떨어지지 않기 때문일지도 모른다.

감사의 말

이 책 또한 마치 수렵채집민처럼 후각을 곤두세우고 걸어가다 만난 수많은 분의 인도로 탄생했다.

이 주제로 취재하고 싶다는 생각을 품은 것은 2023년 연말이었다. 기획의 실현 가능성을 모색하던 무렵, 전 TV도쿄의 가미데 료헤이 씨가 독립 후에 공개한 영상 작품 〈TRAIL〉을 접했고, 그 또한 알트라의 론픽을 애용한다는 사실을 알게 됐다. 가미데 씨는 알트라 신발의 효과를 실감하면서도 과학적 근거가 있는지 어떤지는 취재한 적 없다고 했기에, 어쩌면 백지의 영역이 넓게 펼쳐져 있을지도 모른다고 생각했다.

그와 만날 장소로 정한 도쿄 세타가야구의 등산용품점 '산장

이이지마'는 패션과 등산이 교차하는 희귀한 공간이었다. 오너 다쿠보 아키라 씨도 알트라와 루나샌들을 취급하고 있었다.

산장 이이지마에서 만남이 성사된 또 한 사람이 비보베어풋을 취급하는 노마딕스의 공동대표 치요다 다카시 씨였다. 그는 『본 투 런』 붐을 방불케 하는 베어풋 슈즈의 새로운 흐름을 새벽이 밝기 전의 조짐 같다고 이야기했다. 베어풋 슈즈 브랜드로 전환하는 해외 바이어들의 최신 사정을 들었고, 이것은 기획으로 성립될 것 같다는 감을 잡았다. 이후 또 한 명의 공동창업자인 고미네 히데유키 씨까지 배석해 두 대표에게 노마딕스 경영에 관한 이야기를 다시 들었다. 그들과 함께 맨발로 다카오산을 걸으며 취재한 이야기는 본문에서 언급한 대로다. 먼저 이 만남들에 깊은 감사를 드리고 싶다.

NewsPicks 편집장직을 내려놓은 지 2년 이상 지난 내게 다시 집필할 기회를 준 것은 현 편집장 사토 루미 씨였다. 그가 아니었다면 특집도, 이 책도 빛을 볼 수 없었다. 신규 프로그램 〈다이얼로그〉(가미데 료헤이 씨와의 인터뷰를 성사시킨)를 선보인 부편집장 고니시 겐타로 씨, 후지타 미나코 씨는 이 책에 수록한 당시의 인터뷰와 특집 원고, 아이슬란드 여행에 대해 의견을 들어주고 조언해주고 격려해주었다. 그리고 특집 제작은 다카하시 치카 씨, 구로다 사키 씨, 아리미즈 사에코 씨, 구리하라 료스케 씨 등과 팀을 이루어 결실을 맺었다. 나카가와 마사히로 씨, 키아라시 다나 씨, 야나기바시 미노리 씨, 모리카와 준 씨, 고토 나오요시 씨 등이 제3자적 시점으로 기탄없이 의견을 준 덕분에 보다 많은 독자에게 다가갈 수 있는 내용을 궁리할 수 있었다. 특집 공개 전날, 전 편집장 이즈미 슈이치 씨, NewsPicks Studios CEO 가나이즈미 슌스케 씨와 함께한 아카타케 산행은 기사의 최종 조율과 토론의 장이 되기도 했다. 그리고 특집 공개 후, 이를 책으로 내자고 제안해준 NewsPicks 퍼블리싱의 마토바 유키 씨는 대담한 아이디어를 건넸고 방대한 원고를 정성스럽게 정리해주셨다. 이 동료들에게도 진심으로 감사를 전한다.

이 책의 원고를 전부 혹은 일부라도 읽고 날카로운 지적을 해준 분들에게도 깊이 감사드린다. 특히 STRIDE LAB의 후쿠치 다카시 씨는 발과 신발의 구조에 관해 몇 번이나 자세하게 설명해주고, 살펴야 할 주요 논문 선정부터 전문적인 내용을 알기 쉬운 문장으로 옮기는 일까지 이끌어주셨다. 가미데 료헤이 씨에게서는 이 책의 핵심 중 하나이자 야심적 소재였던 에너지 문제와 UL사고 가설에 대해 날카로운 시사를 얻었으며,

또 해외의 롱 트레일 사정을 들려주고 아이슬란드 땅을 추천해 준 것도 그이다. Hiker's Depot의 주인 쓰치야 토모야 씨에게는 UL문화 선구자만의 날카로운 통찰을 얻었을 뿐 아니라 그와의 대화를 통해 '걷기 대국'으로서의 가능성을 발견할 수 있었다. 그리고 YAMAP 창업자 하루야마 요시히코 씨에게는 특집 기획 이전부터 실로 다양한 각도의 어드바이스를 받았다. '걷기 좋은 거리'라는 시점을 내게 제공해주었고, YAMAP이 Vibram Fivefingers의 별도 주문 모델을 내놓은 경위와 취지, 베어풋 슈즈가 사회를 바꿔나갈 잠재력에 관한 구상을 같이 산행하며 들려주셨다.

마지막으로 언제나 함께 걸어주는 가족들, 지면의 한계로 이름을 올리지 못한 많은 분들, 그리고 여기까지 읽어주신 독자 여러분께 깊은 감사를 표합니다.

걷는다

초판 1쇄 발행 · 2025년 10월 29일

지은이 · 이케다 미쓰후미
옮긴이 · 하진수
발행인 · 이종원
발행처 · (주)도서출판 길벗
브랜드 · 더퀘스트
주소 · 서울시 마포구 월드컵로 10길 56 (서교동)
대표전화 · 02) 332-0931 | **팩스** · 02) 323-0586
출판사 등록일 · 1990년 12월 24일
홈페이지 · www.gilbut.co.kr | **이메일** · gilbut@ gilbut.co.kr

책임편집 · 송혜선(sand43@gilbut.co.kr) | **제작** · 이준호, 손일순, 이진혁
마케팅 · 정경원, 김선영, 정지연, 이지원, 이지현 | **유통혁신** · 한준희
영업관리 · 김명자, 심선숙 | **독자지원** · 윤정아

디자인 및 전산편집 · 데일리루틴

CTP 출력, 인쇄 및 제본 · 정민

ISBN 979-11-407-1628-9(03300)
(길벗 도서번호 040330)

정가 18,800원

- 더퀘스트는 (주)도서출판 길벗의 인문교양, 비즈니스 단행본 브랜드입니다
- 이 책은 저작권법의 보호를 받는 저작물로 이 책에 실린 모든 내용, 디자인, 이미지, 편집 구성은
  허락 없이 복제하거나 다른 매체에 옮겨 실을 수 없습니다.
- 인공지능(AI) 기술 또는 시스템을 훈련하기 위해 이 책의 전체 내용은 물론 일부 문장도 사용하는 것을 금지합니다.
- 잘못 만든 책은 구입한 서점에서 바꿔 드립니다.

인스타그램 · www.instagram.com/thequest_book